建筑·公共艺术

季 翔 著

中国建筑工业出版社

图书在版编目（CIP）数据

建筑·公共艺术／季翔著．—北京：中国建筑工业出版社，2013.5
ISBN 978-7-112-15429-6

Ⅰ.①建… Ⅱ.①季… Ⅲ.①公共场所－景观－环境设计 Ⅳ.①TU-856

中国版本图书馆CIP数据核字（2013）第097756号

建筑·公共艺术
季 翔 著
*
中国建筑工业出版社出版、发行（北京西郊百万庄）
各地新华书店、建筑书店经销
北京嘉泰利德公司制版
北京盛通印刷股份有限公司印刷
*
开本：787×960毫米 1/16 印张：14½ 字数：350千字
2015年3月第一版 2015年3月第一次印刷
定价：99.00元
ISBN 978-7-112-15429-6
（24026）

18世纪的启蒙运动推动了现代艺术观念的发展，审美和艺术逐渐成为促进公众思想解放的主要力量。科学技术的介入使建筑的艺术化形式朝着多元化趋势发展，建筑是城市轮廓的主体，公共装置体现城市的生活品质，对建筑和公共装置的艺术化设计是提升城市形象的重要途径，建筑化的公共艺术已经将公共性作为体现其核心价值的外在标签。

本书从公共艺术的基本理论入手，着重诠释建筑与公共艺术的含义以及表达方式，通过对建筑、公共艺术的形态和色彩等方面进行比较研究，分析地域文化对形态构建的影响，同时，挖掘材料在建筑和公共艺术创作过程中的价值以及重要作用，剖析建筑的细部建构，从建筑与公共艺术的关联性以及价值意义探索公共艺术的深层次内涵。

本书结合作者搜集的相关资料和拍摄的实景图片，结合个人的研究方向，对建筑化的公共艺术做了比较深入的研究。本书适合大中专院校的建筑设计、环境艺术设计、风景园林规划等专业师生以及从事公共艺术、雕塑等相关行业设计师或爱好者进行阅读、参考。

* * *

责任编辑：杨　虹　朱首明
责任校对：王雪竹　刘梦然

序

当代，随着我国城市建设的快速发展以及人们物质生活水平的不断提高，建筑设计已不能再仅仅局限于物质方面的需求，更应注重其所涵盖的情感、审美等精神方面的表达。建筑是一门技术，但同时也是一门艺术，体现了一种独特的公共性，作为城市中最宏伟最独特的公共艺术品，未来城市的建筑形态必将愈加趋于艺术化，更多地展现出公共艺术的特质。

“用语言表达设计是另一种设计行为”，这是日本设计师原研哉的话。在今天，人人都在说设计的年代，说明人们对生活环境及使用物有了审美层面的认知，实用功能是必要条件而不必谈论。这里又不得不想到包豪斯 (Bauhaus)，它的功能主义、形式主义、设计教育等方面的理念值得我们再进一步深层认知。艺术与技术的结合在当下社会更深层的得到应验，雷姆·库哈斯 (Rem Koolhaas) 的 CCTV 大厦、奥运建筑——鸟巢都是实例。这些建筑既有建筑物功用的本质，也担当着传递和满足人们对“美”的需求，在某种程度上也是“艺术”的实体形象。当人们都在欣赏和谈论这些建筑作品时，我作为建筑师不得不思考“建筑化”的公共艺术这样的一个选题。

公共艺术的含义也在扩大，我在思考建筑学范围内起到的作用。设计学科有一些基础问题，因设计产业的变化快而呈现出新的面貌，从文化人类学的角度去观察设计产品是新的课题，建筑已不再着眼人体工程学等来设计建造，实用与审美是当下建筑作品之必备。从美学、建筑学、设计艺术学的角度来诠释“建筑化”的公共艺术之发展是该课题研究的价值和意义。

“道生一、一生二、二生三、三生万物”的演化过程中我得到哲学、科学、技术的深层认知。由此我不得不想没有前几种的积累，这本《建筑 · 公共艺术》也是无根之木。一晃两年过去了，对于本稿没有更多的时间再精益求精，趁目前认为有些价值，拿出来与读者商榷。

是为序。

2012 年夏于工作室

目 录

第 1 章 “建筑化”的城市公共艺术阐释

1.1 公共艺术的概念

公共艺术从历史沿革的情形来看，长期处在一种动态、持续发展之中。公共艺术的形成与发展有着深刻的社会文化背景，其概念的界定显然不是以某种物化介质为根据，也不能以某种艺术风格流派一概而论。公共艺术的社会实验性与整合性关系紧密，建筑学、艺术学、政治学、社会学、文化学、环境学、符号学等学科都与公共艺术密切相关，从任何一个特定的角度出发，都会对公共艺术的概念及形态的特性做出相应的理解。所以当代公共艺术的特征就是带着强烈的模糊性和发展的不确定性 (图 1-1)。

现代公共艺术是以兼容性为基本内核，在现代人文精神支持卜的艺术语言的综合体。公共艺术包含这样两个方面：首先是社会性部分，来自于诸多要素，例如历史、文化、政治、经济等影响着公共艺术所

图1-1 城市雕塑竞赛作品

形成和存在的社会背景，随着时间的推移，容纳了包括不同地域、不同历史时期的政治、宗教、意识形态等多方面内容；其次从物化的角度上说，公共艺术涵盖了包括开放空间中具有公共性的、服务对象为社会主体的艺术形式与活动，还有例如雕塑、壁画、建筑装饰物等以及开放性的艺术活动乃至影视作品。

公共艺术有三个特性。一是公共性。公共性是其最根本的特征，主要体现在两个方面：首先是指公共艺术不同于个人艺术，它必须设置于公共空间之中，为社会公众开放和分享；其次是指通过公众的参与、支持、认可，公共艺术应具有普遍意义的精神价值和社会意义，它所承载的社会职能、审美意识、文化精神不是针对个体的，而是能普遍符合和反映一个地域、民族和城市的文化、精神和理想。二是艺术性。公共艺术既然是面向公众的，那就要具有一定的艺术性，吸引公众并激发与之交流的欲望，给公众以美的体验和情感共鸣。缺乏艺术性的作品在历史和公众的洗礼下必然不会长久。三是环境的关联性。公共艺术与环境的关系不仅是物理关系，也包括心理关系，因此符号的转换相对之下是很重要的。公共艺术的核心是人，建筑、城市、环境的和谐统一，三者构成一种相互依托的关系，其中人是核心，而建筑与环境则创造理想的空间。公共艺术与之融为一体，以满足人的心理与生理需要。

可以说公共艺术不仅是指一种具体的艺术，而且应该是一种方法、一种理念、一种文化的形式表达 (图 1-2)。

1.2 公共艺术的发展

20 世纪 70 年代末，北京首都国际机场大型壁画群作为“公共艺术”具有开创性标志的出现；进而到 90 年代中后期，国内逐渐涉猎“公共艺术”的概念，我国现代公共艺术的发展经历着社会、文化、艺术等

图1-2 徐州水下兵马俑博物馆

多方面的曲折的变化过程。

20世纪80年代，公共艺术更多出现的概念为“城市雕塑”与“环境艺术”。相当长一段时间内，城市雕塑作为公共艺术的表现形式在各个城市的不同空间中大量出现，城市公共艺术被认为是把壁画或雕塑放置于城市中，点缀城市空间，而忽略了城市公共艺术对城市空间精神文化的引导与注入。

80年代中晚期，中国改革开放后经济快速发展带来一系列环境问题，间接使得公共艺术与城市环境的互动关系逐渐被重视。与此同时，环境的恶化使得艺术家们逐渐关注城市生活的质量，将创作主线转移到城市环境问题上，把艺术设计结合到环境理念里去。环境艺术表现为把环境空间中各部分结合起来达到人与环境的和谐，这使得人们对传统艺术观念的理解得到进一步的提升。

90年代之后，由于社会转型期中城市公共领域的不断增多和精神文明的逐步推动，公共艺术在城市中大量出现，公共艺术的概念正式被提出。中国城市建设的快速发展使经济商业利益主导的社会文化价值结构逐渐出现，以文化为主消费市场充斥在城市及其边缘地带。在公共艺术的发展层面上，一方面，公共艺术的发展逐渐与商业社会的特征相契合，一大批以盈利为目的的商业艺术开始出现，尤其是那些在各个公共空间的形形色色的广告。另一方面，由于公众消费观的改变以及文化意识的觉醒，波普艺术逐渐兴起，它是以消费为特征，提倡具有公众趣味的文化消费，正因如此，公共艺术逐渐出现大众积极参与的现象。艺术设计方面，因为城市设计的思想被纳入城市规划中，“欧陆风格”建筑在我国城市中大量出现，追求个性的公共艺术与个性建筑交相呼应，市民广场、商业街公共艺术、绿地美化、滨水景观等的大量出现成为90年代以来的城市文化“景观”，体现在公共艺术上则是大众化、娱乐化、个性化和商业化的互相融合，文化艺术的消费逐渐成为时尚大众消费的标志，多元化存在的公共艺术成为组成城市文化的风景必不可少的一部分。

其实公共艺术这个概念开始在中国被引入的时候，人们事实上普遍缺乏关于公共艺术的知识。因为新颖、时尚，人们愿意使用这个概念，但是缺乏对基本概念的把握以及学术上的考证、梳理和应用工作。城市公共艺术往往被理解为将传统的雕塑、壁画放置在城市中，为城市锦上添花。景观中的小品也很少有建筑师或艺术家在设计阶段参与其中，只是在设计完成或完工后被告知这里那里要摆个东西为增加文化氛围做“点缀”。大部分雕塑、壁画都是作为填补文化的空缺而存在的。

在国内所发生的社会转型主要体现在公共艺术的大量出现及使用，这也同时反映了人们对公共领域事件的参与诉求。公共艺术对于改革开放的推进，公民权利的实现有着重要的社会意义。

20 世纪 90 年代末到 21 世纪初再至今，我国对公共艺术的理解也更加深入和扩展。社会经济的发展以及民主化进程的加快为当代公共艺术的发展提供了新的契机，城市建筑文化也得到了弘扬与发展。现今，由于文化逐渐成为城市的核心要素，表现城市魅力的重要指标也转变为以文化内涵为核心的城市文化空间。这个阶段的公共艺术更广泛地运用于自身形态、媒介以及新技术新材料等方面，越发重视大众文化和公众的参与，公共艺术主要的发展方向即多元化、多层次和城市化。与此同时，公共艺术越来越与城市建筑规划相融合，地标建筑更以典型的公共艺术的面貌展现在城市中，这使得建筑化的城市公共艺术对公共艺术及文化将必定会产生十分积极的现实意义 (图 1-3)。①

① 封心宇，季翔，张金歌．现代城市公共艺术“建筑化”的思考 [J]. 中外建筑，2009，6.

图1-3　巴黎凯旋门、徐州音乐厅(地标建筑)

1.3 建筑与公共艺术的关系

建筑在满足功能需要的同时也是艺术的体现，它受空间关系、比例尺度以及结构形式等多方面因素影响，美的建筑必定是建筑师综合考虑推敲之后的成果。

建筑与艺术相辅相成，优秀的建筑大多具备特定的艺术气息，而艺术气息又是艺术感染力的来源，艺术作为一种理念始终贯穿于建筑的过程之中。2002 年建成的伦敦市政厅大楼 (GLA) 以其独特的卵形造型成为泰晤士河畔的一景 (图 1-4、图 1-5)，一条不规则螺旋形的环型坡道从上而下，成为内部空间的焦点，公众漫步其上即可以看到泰晤士河的美景，对于城市和城市内部人群互动产生情感的共鸣起到积极促进作用，而建筑本身就是一件公共艺术体。

当体积巨大的公共艺术品摆放到城市空间之中，公共艺术涉及的就是一个空间运用的概念，也就是借助空间的有效运用来让公众认识空间、感受空间和体验空间，无论是建筑还是独立的公共艺术品所扮演的角色，其实就是诠释空间，通过空间的艺术化来表达公共艺术的审美意识和文化价值，所以建筑艺术自然属于公共艺术。①

1.3.1 建筑艺术具有一定的公共性

建筑既是功能化的实体，又是一门艺术，它与人们的生活密不可分，是艺术介入生活的具体体现。

建筑作为独特的公共艺术，它运用独特的艺术语言，将审美价值和文化内涵赋予到建筑形象上，使得建筑具有象征性和形式美，也使得民族性和时代感在建筑上体现。建筑是一门技术，也是一门艺术，承载着历史、文化，寄托着公众美好的记忆与期望，是一种具象的公

① 杨晓．建筑化的当代公共艺术 [M]．北京：中国电力出版社，2008.

图1-4　英国伦敦市政厅大楼

图1-5　英国伦敦市政厅大楼与周边环境

共艺术。位于爱丁堡老城区东部的苏格兰议会，建筑突出对环境和地域文化的融和，通过自然模拟的树叶状造型，表达回归自然生态的设计意象，办公楼的立面采用浪漫的不规则构图，取意于传统的苏格兰议会大楼外墙（图 1-6)。

日常生活中，我们总是在高楼大厦里居住、工作，并在楼宇间穿行。生活的经历离不开建筑。建筑带有"强制性"的审美，人们可以不看电影，不听歌，不欣赏话剧，不读文章，但是却不能不住进建筑中，而又不能不感受身边的各种建筑。建筑是物质存在，是实在的东西。不管自觉与否，感兴趣与否，人们都要面对种类各异、形式不尽相同的建筑物，无论建筑的材料是木材、石材还是钢材，建筑都"逼迫"人们给它以各自的审美评价。与人们平时见到的其他艺术品相比，各个历史时期建筑师们的各种设计理念对我们有更强更直接的影响力。建筑艺术是独特的公共艺术，它是建筑师努力达到的视觉性与实用性的完美结合。

建筑作为一个巨大的，造价不菲的实体，建成后除非自然灾害或者外力强力的破坏，都会长久的保存下去，难以被人很快的遗忘或丢

楼外墙

失，成为一个国家、一个民族、一个时代的物化体现。建筑的物质性决定了建筑的纪念性。比如希腊的巴特农神庙、巴黎的埃菲尔铁塔、中国的万里长城、埃及的金字塔，以及数不清的古城、古村落，建造时也许不是为了纪念之用，但多少年过去后，却成为纪念价值很强的古迹，成为人们观赏的公共历史地域文化。

建筑作为城市的组成部分，所形成的艺术决定了建筑本身的质量，决定了城市的空间品质。建筑作为城市组成的一部分，不能作为私人所有。因此，建筑以往个体化的历史已被消解，而转化成大众的历史记忆，升华成城市的文化精神。城市中的建筑是人们的精神寄托，是凝聚人们共同记忆的承载物。这种浓缩了时间空间的建筑早已成为一种文化的象征，一种无意识的积淀。

当建筑艺术成为公共概念时，共同存在的社会现实被分享，归属感被提升，公共空间的形成被促进。公共空间作为公众间平等对话的氛围，并非一定要以具体事物的形式存在。此时，建筑艺术以原动力的形式存在，提供开放的环境让思想在这里沟通，民主自由在这里体现（图 1-7)。这种氛围有利于解除隔阂，掩蔽社会性问题，因而只要艺术营造出平等的气氛，就将升华为空间中的公共思想。

1.3.2 建筑作为一种载体

建筑艺术将美的规律作为基本参照，使用特定的艺术语言为建筑形象增加文化价值和审美价值，通过这种方式突出建筑艺术的时代感与民族性。

建筑是一门综合艺术，实用功能和审美需要互为前提，同时还需体现一定的艺术性。居住建筑将实用和美观放在首位；景观建筑强调空间的自然、雅致；娱乐场所建筑追求轻快、活泼；而纪念性的建筑需要庄严、肃穆。空间的实用性和审美性相结合才能达到和谐的统一。空间的文化价值和审美功能，很多时候可以通过多样的艺术形式丰富加强，甚至还能起到画龙点睛的作用。图 1-8 为改造后的办公楼，通

图1-7　英国泰特现代美术馆

图1-8　英国伦敦某办公楼内部改造

过连绵的地灯设计突出空间的无限延长，办公楼的内部分割采用帷幔的形式，这大大增强了空间的趣味性。

回首历史，公共艺术的生存和发展与城市内部的建筑、环境相辅相成，传统公共艺术需要通过附着建筑内外空间的壁画以及工艺品等装饰艺术作为自身的表现形式，这些装饰同建筑空间完美的合为一体。建筑的实用功能和审美意义得到了着重强化，整个建筑空间传递的信息不言而喻，这也直接体现了实用功能和精神表达的统一(图1-9)。狮身人面像是金字塔和埃及文化的代名词；巴比伦伊什塔尔门和装饰华丽的釉面相联系；兵马俑是秦汉陵墓建筑的象征。这些艺术形式通过建筑或以单独的形式出现，与建筑紧密的联系为一个整体，将特有的艺术魅力表现的淋漓尽致，从某个层面而言代表了建筑历史的闪亮标志。

公共艺术是建筑环境中不可或缺的一个重要组成元素。公共艺术以现代城市建筑环境为物质载体，以开放的形式存在于现代的社会生

图1-9
附着于建筑中的壁画和雕塑

图1-9（续）
附着于建筑中的壁画和雕塑

活中，服务于人民。不同艺术形式的发展完善，以及现代要素与艺术形态的整合是当代公共艺术得以存在、发展的关键。建筑作为公共艺术的一种载体，从材料、技术、现代艺术思维形式以及人文社会背景等方面而言给公共艺术带来了深远的影响，因此，公共艺术需要从建筑的表皮设计、空间组合、建造技术、材料质地、特定区域的文化特色等多方面介入城市的建筑当中，使建筑和艺术融合为一个有机整体。

建筑艺术需要兼顾艺术作品的物化功能，随着社会的不断进步，时代的审美取向和艺术思潮对建筑艺术的影响越来越大，建筑在当代的公共艺术中占据主要地位，它不仅推动了当代公共艺术的创作，还进一步地完善了公共艺术的审美意义。

1.4 “建筑化”背景下的公共艺术表达

“建筑化”背景下的城市公共艺术从建筑和公共艺术的关系出发，来探求建筑空间与公共艺术的融合，关注公共艺术如何以建筑空间作为载体，来表达其审美意识和文化精神。在此我们可以从两个层次来逐渐深入的阐述“建筑化”背景下的城市公共艺术的概念和内涵：

第一个层次是建筑的城市公共艺术，即建筑本身作为一种公共艺术，这主要指一些具有明显公共艺术特征的公共地标建筑。从历史上看，凝聚这城市的历史文脉，集聚着某座城市的集体记忆并成为该座城市人们美学符号和情感标识的往往就是某一座建筑，如法国的埃菲尔铁塔、悉尼歌剧院、巴黎圣母院和英国的圣保罗大教堂等。人们寄予这些建筑物的审美期待、民族精神和特定的精神价值，它们就是最有影响力的公共艺术。随着城市化的进程，公共艺术与城市建筑环境的融合愈加密切，一些城市地标建筑，像北京奥运“鸟巢”、上海世博中国馆等等，更是以一种典型的公共艺术面貌展现在城市地域环境之中，成为城市中一个个闪亮的文化精神符号 (图 1-10)。

图1-10 地标式的"建筑化"的城市公共艺术

第二个层次是“建筑化”的城市公共艺术，即城市公共艺术与建筑空间的融合，不仅在空间形态上与之协调，也包括公共艺术的人文精神和内涵，从整体到细部元素，有机而统一的融入建筑空间之中，给公众创造一个艺术性并富含人文价值的城市空间环境。

前者从城市整体着眼，把建筑单体作为城市中的公共艺术来分析，后者是更全面系统的综合城市空间环境和建筑内外环境中的各种构成要素，更加细化而有机的来分析(图 1-11)。

图1-11　英国帝国战争博物馆

“建筑化”的城市公共艺术的表达主要基于两个方面：一方面是建筑的艺术表达，使建筑自身成为实用和审美统一的公共艺术；另一方面一些城市建筑空间中的公共艺术除了具有其自身的艺术性，更展示出了建筑的某些特征，体现了一种明显的“建筑性”，是“建筑化”的一种表达。第一个方面的案例很多，许多城市的地标建筑都可以说是城市中的公共艺术。第二方面也有很多案例，像我们熟悉的凯旋门、埃菲尔铁塔、圣路易市杰斐逊国家纪念碑、越战纪念碑、伦敦塔桥等。圣路易市杰斐逊国家纪念碑（图 1-12）是由沙里宁设计，它的高宽均为 190m，整个碑墙外贴不锈钢的曲线拱门，流畅的线条设计结合雄伟的造型，寓意为美国西部开发的大门。沙里宁以他对艺术的独特见解结合建筑思想创造了非常多的优秀作品，他的设计思想对后来的建筑创作影响深远。林璎设计的越战纪念碑（图 1-13)，是一座伸展如翅翼的倒“V”字纪念碑。这座纪念碑已经成为美国最吸引游人的胜地之一。越战纪念碑的设计师林璎在设计之初便将“死亡也是一种荣耀”作为设计理念，她没有将越战当成一场悲剧，兼顾华府广场的自然环

图1-12　圣路易市杰斐逊国家纪念碑

图1-13　越战纪念碑

图1-14　英国伦敦塔桥

境，纪念碑从地上往地下延伸，黑色的大理石碑刻上参加越战阵亡人员的名字。这一设计得到了建筑界的首肯，林璎打破了传统纪念碑的设计风格，为后来的纪念性建筑开辟了一条新的道路，她设计的越战纪念碑已成为美国及艺术史上的标志。还有伦敦塔桥（图 1-14），也是建筑化的城市公共艺术的体现，塔桥两端由 4 座石塔连接，两座主塔高 35m，方正厚重，风格古朴，远望如两顶皇冠，雄奇壮伟。伦敦塔桥不仅是当地地标，同时也是世界最美的桥梁之一。

“建筑化”的公共艺术是城市空间环境中一种必不可少的重要公共艺术形态。“建筑化”公共艺术本身就是建筑性的构造体或是建筑内外景观环境中的有机组成部分，公共艺术的开放性使其以公开展示的方式呈现于各种类型的建筑和城市空间中，公共艺术的物化形态、材质美感与建筑空间发生着有机的联系。

“建筑化”的城市公共艺术关注公众、建筑空间、公共艺术之间的对话与融合。“建筑化”的城市公共艺术就是要发掘建筑体在形态、材料、色彩、光影、空间构成中的潜在美感，并使之融合公共艺术的语言，从整体到细部，包括立面表皮、入口、楼梯、空间围合、装置构件、装饰色彩和图案等等，公共艺术的特定语义、文化精髓和建筑环境的有机融合有助于公众从城市环境中获取更为深刻的情感体验和审美意识 (图 1-15)。

图1-15 纽卡斯尔音乐中心，徐州音乐厅

当代城市公共艺术的多元化、大众化，使我们注意到公共艺术的一种发展趋势：公共艺术向城市建筑空间中的渗透融合日益明显，与城市建筑空间融合的方式和途径也愈来愈多元化。公共艺术的形式早已不再局限于壁画雕塑等艺术品，城市景观、建筑以及建筑装饰等等都可以作为公共艺术的一种载体或表达形式，为城市空间的文化精神的提升注入一股热流。

第 2 章　建筑形态——公共艺术的精神语言

艺术空间的视觉感知主要是通过空间形态视觉方式来获得。点、线、面、体等艺术形态是构成艺术空间形态的主要视觉要素，在空间设计日趋多样化的大背景下，这些元素按照形式美规律交互综合，从而构成了千姿百态的空间艺术形态。同样，公共艺术的表达自然也离不开这些基本而重要的视觉要素，公众的审美体验和精神感受恰恰就是通过这些视觉要素的综合作用而表达出来 (图 2-1)。

在千姿百态的空间设计中，城市公共艺术是空间艺术设计重要的组成部分。随着人们对居住生活品质的要求越来越高，城市公共艺术越来越多元化，“建筑化”的城市公共艺术成为其中非常重要的组成部分。研究“建筑化”的城市公共艺术，就是要分析点、线、面、体等基本设计元素通过形、色、质、光的表现方式在公共建筑空间中的表达规律与形式，分析这些视觉要素如何在建筑空间这种特定环境下来触动人们的心灵，从而引发建筑空间和公众的情感共鸣与互动，使建筑空间具有更强的公共艺术特征与效果 (图 2-2)。

从艺术审美的角度看，不论在古代还是现代，公共建筑的形态都以形式美为主要的审美标准。如中国寺庙内形态各异的塔，现代的香港中国银行，上海金贸大厦，广州歌剧院，北京奥体中心“鸟巢”以及国外很多公共建筑。它们的形态都很美，主要设计表现手法是变化与统一，在统一中求变化，在变化中创造出触动人心的建筑整体形态。公共建筑的整体形态直接呈现在城市空间环境之中，并直接给周围的公众带来一种强烈的视觉感受，从而营造出具有精神化的城市公共空间。一般来说，公共建筑的整体形态可以分为几何体、雕塑体、象征体三种。

图2-1　台湾日月潭游客中心

图2-2　格拉斯哥科学中心

2.1 形态类型

2.1.1 几何体

勒·柯布西耶在《走向新建筑》中说："所谓建筑就是集中在阳光下的三维形式的蕴蓄，是一出精美的、壮丽的舞台剧。我们可以在阳光下看见物体，明暗对比浮现出它们的形状。立方体、圆锥、球体、圆柱以及棱锥等都是原始形状，光使其形状突显出来。其形象是明确的、可触摸的，没有模糊之处。因此那都是'完美的、最完美的形状'，无论谁都无疑会同意这个看法，即使是儿童、粗人与哲学家。这也是造型艺术的本质条件(图 2-3)。"

几何形体是建筑表达艺术常用的方式之一，这类建筑空间大多经过既定的数学法则运算、推敲而出。几何形体形式多样，主要有正方形、圆形、扇形、三角形等等。建筑的空间形态常由几何形体经过不断重复、连接、错位叠加而成。纯粹的几何体构建具有很强的规则性，空间形态效果突出。在整个过程中强调整体，主张表现材料的自身特质(图 2-4、图 2-5)。

图2-3 丹佛艺术馆

图2-4　美国国家美术馆东馆

图2-5　旧金山　贝斯·索隆犹太教堂

图2-6 格拉茨现代美术馆

2.1.2 雕塑体

雕塑对形体的体积组合有明确的要求，块面形态是雕塑中最为重要的部分，光影对于形体的表现尤为重要。经过组合后的形体进行加减的处理，采用切角、镂空等设计手法可以加强建筑形态的视觉冲击力。

位于英国的格拉茨现代美术馆(图 2-6)由彼得库克设计。蓝色的塑料玻璃拼贴作为整个建筑的外部表皮，当地公众给它取名为“友善的外星人”。这座超现实主义建筑外形夸张奇特，格拉茨市中心多为红顶尖塔的古堡、钟楼，位于市中心的美术馆同其他建筑相比形成了巨大且强烈的反差。彼得库克将“生物存在式建筑”的设计理念在格拉茨现代美术馆上得到了完美的体现和诠释，同周围代表格拉茨传统的建筑相比现代美术馆显得格格不入，不规则的雕塑形体也经常被公众称为“城市怪兽”、“毛毛虫”等。

2.1.3 象征体

公共建筑的形态大都代表某种文化或精神，它试图通过这种隐喻触发民众的思考。哲学家黑格尔将这种象征艺术分类到艺术的初始阶段。设计师通常也会通过这种设计方式表达思想感情。

建筑师让·努维尔在加泰隆尼亚阿格巴摩天楼(图 2-7)的设计中选择“文化回音”作为设计主题将阿格巴摩天楼和巴塞罗那的城市意

Agbar的马赛克外墙

传统建筑中的马赛克图案

Agbar的精神源泉：蒙萨拉特山的奇石

图2-7 西班牙阿格巴摩天楼

象融为一体，使用对传统文化延续的方式强化该地区的民族性和世界性。努维尔曾经说过“建筑不再是一个独立的行为；它是不断变化着的文脉连续系统中的一个事件，一个给建筑师带来额外责任的持久事件。”耸立在城市上空的阿格巴摩天楼犹如向当地群众致敬，精神源泉蒙萨拉特山的奇石是阿格巴摩天楼形态的精神来源。让·努维尔在高技派建筑的技术优势于阿格巴摩天楼得到了完美的体现,他设计的“第二立面”仿佛在传递信息。集材质、结构、光影等多种影像于一体的表皮，其丰富程度可想而知。丰富的马赛克内层墙面犹如在传递加泰隆尼亚地域文化的回音，周围的环境及地面经由玻璃百叶的折射，这些景观效果将巴塞罗那的城市意向和“水”主题进行了深入的诠释。

CCTV 新台址 (图 2-8) 位于北京市中央商务区 (CBD) 核心区域，建筑师库哈斯把新方案解释成一个“环”，所有的员工在这个“环”内完成工作与交流，同时，库哈斯将这个建筑设计成一个对外可供参观、访问、介入的空间。CCTV 采用透明的表皮处理突出建筑本身的视觉冲击力。

图2-8 CCTV新台址

图2-9 苏格兰飞人

2.2 形态意义

2.2.1 标识符号

现代城市除了作为服务于地区或国际商业、贸易、产业的集中地之外，它已成为人们的各种信息传递、科技发明、文化娱乐、知识教育、公共艺术文化交流、旅游观光及民俗世情的滋生传承等多姿多彩、光怪陆离的人间大舞台。居住在城市中的公众在长久的岁月中积累下来的共同经验和交流所达成的共识与城市的兴起和沧桑紧密相连。这些细微的部分不断在延续和发展一座城市本身固有的文化精神，并通过代代相传的方式继续传承。城市特有的文化气质能够迅速地感染外来人群，这将会成为初来者对这座城市情感记忆中最重要的组成部分。丰富多样的立面造型结合附着在城市环境中的各类公共艺术装置将会比一般的公共建筑更为直接的展示一座城市的精神文化 (图 2-9)。

2.2.2 城市印象

公共艺术从功能角度而言是现代城市发展的必然要求，这也直接体现了城市文化和现代城市生活的理想，与一些纯粹的艺术相比较，公共艺术的特性决定了其文

图2-10　曼哈顿的城市天际线

化表现的强烈性。公共艺术承载的不仅仅是个体，还有更多社会的、文化的以及政治上的功能。艺术取材于生活并为生活服务，现代意义上的公共艺术就是突出城市的美感，让公众在这其中感受到生活的乐趣，同时让城市成为公众的诗意栖居场所（图 2-10）。

2.2.3　文化精神

文化代表着城市的灵魂和内涵，是一个城市对外展示的重要窗口，象征着城市的品格。城市是人们生存的方式，同时也是人类文明的标志，更是社会发展的剪影，它为文化的产生和发源提供场所，城市本身就是人类文明发展的标志和成果，城市文化是城市最客观的写照。每一个细节都反映着所处时代的社会面貌、生活方式、宗教信仰等所有的文化问题，城市也逐渐成为当代公众观察世界和展现自身的舞台（图 2-11）。

一座城市中是否包含文化气息和艺术氛围的公共空间以及是否富有代表性的城市公共艺术，已经成为衡量整个城市是否蕴含文化艺术品位的重要指标。“建筑化”的城市公共艺术作为一种城市标识充分反映和提升一个城市的印象和精神文化。“建筑化”的城市公共艺术通过公共艺术和城市建筑空间的融合，通过公众对建筑空间的体验和互动，使人们时刻感受着一种独特的文化情怀和审美情趣。

图2-11　徐州城市景象

2.3　形态构建

2.3.1　基本形的构成——点、线、面、体

建筑公共艺术在古代往往借用实物及其变形来表现具象的形体，而现代公共艺术的造型设计则趋于抽象，抽象的造型方式摒弃了具体、写实的形式，现代艺术设计通常呈现出简洁、几何形、有象征意义的抽象或是具象的形式。通过抽象的点、线、面、体等几何图案的组合

作为造型的基本元素来塑造形体，使公共艺术造型中流畅与简洁成为主要的特色。

任何艺术造型形式都是有点、线、面在不同的视觉角度运动、变化的情况下所形成，所以其表现形式也是有着一定的区别。例如点，以其所处的位置为主，线则是以它的方向、尺度为主，而面则就是以其所有的面积为主。在艺术造型设计中，它们各自发挥着其独特的作用和魅力。

2.3.1.1 点

点的分散、密集运动在一定情况下可以构成相对的线和面，处于不同位置的两个点在同一空间或不同空间内都会让人产生不同的心理感受。一定数量的点会产生聚合的趋势，人的视觉主动会将彼此独立而又相互联系的点串联起来，形成线与面的轮廓。在空间中这些点独立而又聚合地进行着不同的交织与组合，从而会产生有节奏、有韵律、有意义的形式和意境(图 2-12)。

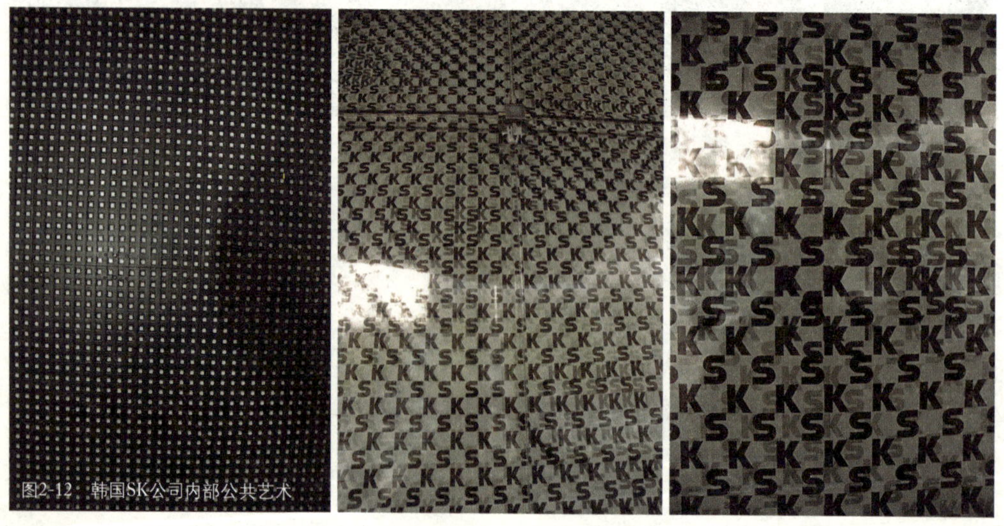

图2-12 韩国SK公司内部公共艺术

图2-13 Zahner工厂扩建

2.3.1.2 线

线是点的运动轨迹，是由点与点的连接，面的边界、交叉等形成的。线在几何学里无粗细之别，但过长或过短的增加线的宽度，线就会变成面或点。在艺术造型设计中，线则被赋予了宽窄、长短、直曲等属性。线的聚合、分散等有无规则的运动，可以合成面，也可以排成有节奏、有韵律、有秩序的艺术形态。从此线也便有了生命（图2-13）。

2.3.1.3 面

面，简单来说就是线的封闭状态。在几何学中，面则是由线的运动轨迹或自身加宽，点的扩展等产生的。面的形式变换多，较之点、线更能体现出情感特性。在面的情感表现中，几何形的面具有规则、平稳、较为理性的体验；自然形体的面给人以厚实，更为生动的体验；有机形体的面给人以柔和、自然、抽象的体验；偶然形体的面给人以自由、活泼、富有哲理的体验（图2-14）。

图2-14　面在建筑外立面中的运用

2.3.1.4 体

体是由面围合而成的。体的造型方式主要有“具象和抽象”两种。具象的形体是对自然事物的模仿或变形，这种情感体验通常与被模仿的对象密切相关。例如古代的艺术表现几乎都是对自然事物直接或间接的模仿，而在现代艺术设计中发生了较大的变化，而是将简洁的、抽象的、几何的形式作为时代的美学符号。随着现代设计风的盛行，抽象的设计元素也逐渐地盛行开来。这些自由、随性、流畅而又洒脱的抽象元素伴随着现代工业技术及新型材料的出现而变为可能。抽象的符号形式不仅可以体现自然的简洁、生态、有机，还会给人以迷人、丰富的情感体验(图 2-15)。

2.3.2　基本形的变化构成

点、线、面、体构成了公共艺术的基本造型元素，这些元素通过形、色、质、光的综合表达，构成了绚丽多彩的现代公共艺术。

图2-15 抽象的符号形象

2.3.2.1 形

形，即造型，是空间构成的最基本要素，光与色都要依附于形态才能使建筑更具有表现力。建筑空间的综合表现是由功能、技术和艺术组合完成的，功能是目的，技术是手段，形态则是表现形式。建筑空间是由形态展现的，人们也是通过建筑的造型来认识建筑空间的审美和内涵。新建的澳大利亚研究中心为低层研究实验室设施，建筑如同多米诺骨牌，丰富了建筑的空间层次，提高了建筑的美感（图 2-16)。

建筑的形以点、线、面、体基本形式出现，并在建筑造型中发挥各自的“表情”，进而表达性格和情感。建筑造型的时尚、前卫、有个性不仅有较强的吸引力，还能够激起人们对生活对美的情感享受。

空间中的形包括建筑的整体造型、建筑内外空间的围合形式以及建筑空间中各种构成元素的细部造型。只有从整体到细部，从内到外有机而系统的结合起来，公共艺术的审美理念才能很好地融入建筑空间中去，从而形成和谐的艺术化空间。建筑实体的形一般不直接模仿

图2-16 澳大利亚约翰医学科学研究院

自然和再现自然，而是以特殊的方式作比较抽象的、象征的表现。只有在变化中求统一，才是富有情趣而又和谐的外观。王澍的作品宁波博物馆将倾斜的类似堡垒的外形，与用不同种类的回收利用石块砌成的墙壁结合起来（图 2-17）。三座“水晶”般的建筑依偎在风景如画的场地中，通过湖边的小路将彼此相互连接在一起，仿佛长在湖边的“水晶石”（图 2-18）。

同时，造型的表达也不是孤立的，形的美有赖于各种视觉审美要素的整体结合。形是基础，色彩、材质、光影等都是与之不可分离的，它们整体结合的不同形式最终会带给公众不同的空间体验。坐落在法国巴黎最享有盛名的中轴线上的新凯旋门就是各种审美要素整合的典范。新凯旋门位于巴黎拉德芳斯 (la Defense) 金融商业区中心，是一座划时代的标志性建筑。整个新凯旋门的形状好似一个挖空的正方体，像一首凝固的音乐给人无限的遐想，透过新凯旋门，人们会感受到艺术、历史与现代科技的三重震撼（图 2-19）。

图2-17 宁波博物馆

图2-18 深圳大运会体育中心

图2-19 新凯旋门（左）

图2-20 2010上海世博会以色列馆（右）

2010 年上海世博会以色列馆以其犹如环抱双手的流线形体而令人感叹和折服。由天然石块组合而成的创新厅代表着与历史和地球的关系以及对社会低碳生活的思考，而采用的玻璃及透明 PVC 的光之厅则象征着透明、科技、轻盈和未来 (图 2-20)。

由美国哈佛大学建筑系主任森俊子、著名艺术家艾未未等领衔，赫尔佐格和德梅隆、张永和等多位国内外著名建筑师参与设计的金华建筑艺术公园，为建筑化的公共艺术设计展开了富有成效的探索 (图 2-21)。公园内主要的小型公共建筑有：茶室、咖啡厅、网吧、书吧、展示厅、儿童游戏厅、多媒体教室、报刊亭、古陶博物馆、公共厕所等。这些作品有的体现了古朴纯洁的建筑形态，有的突出了轻巧大方的现代建筑风格，有解构主义建筑、极少主义建筑、有机主义建筑、仿生主义建筑等。中西方建筑艺术文化在这个公园里得以完美融合，这是对中西合璧的淋漓演绎，是对城市小型公共建筑艺术的一种新的探索和尝试。

2.3.2.2 色 (Color)

空间中的色彩包括物体本身的原有色彩以及人为的装饰色彩。色彩是建筑环境中重要的视觉要素，它和其他视觉元素如形、光等一起传达建筑环境的信息，色彩具有独特的性状，它依附于其他要素存在，又和它们紧密相连。相对于其他视觉要素，色彩往往给人非常鲜明而直观的视觉印象，它可以快速地创建情感和烘托气氛，在不同程度上影响着人的心理和行为，可以说色彩是建筑空间环境中最实际最直接有效的一种艺术装饰要素。

图2-21　金华建筑公园小型建筑

建筑空间色彩的设计，主要考虑色彩与材质的效应以及色彩在建筑空间中的使用面积。材料的质感肌理丰富了色彩的表现力。不同的材料反映出不同的色质。色质可分为反光、平光、哑光、透光等多种类型。例如内墙漆、陶瓷和玻璃等不同材料所制作的建筑装饰材料，前者规整、亚光泽，给人以沉着、温和、平静的感觉，而后者则在阳光下耀眼刺目（图 2-22）。同样，色彩本身的冷暖、轻重、软硬等属性也可以调节材料自身的视觉感触，所以如果能够将色彩妥当的运用，可以带给我们不同的空间感受，从而达到对空间艺术化设计的目的。

图2-22 不同材料制作的建筑装饰材料

另外，色彩使用面积的不同给人的心理感受也不尽相同，大面积色彩的使用必然减少了对比，大面积的使用也会使人产生沉着、温和与平静的感觉，这就是色彩的色质给人的心理反应。

建筑空间中的色彩对公众的心理影响与社会因素和个性因素有关，这与时代、社会、文化、地区以及生活方式、民族习俗都有着密切的联系。2010 世博会土耳其馆采用暗红褐色作为建筑的主要用色，辅助于土黄色，布满窟窿的鲜红外壳镶嵌抽象的生物图案，米色内墙包着旋涡般的展厅，充分体现了土耳其的民族特色和文化底蕴（图 2-23)。

建筑化的城市公共艺术中，色彩的表达一定要综合各种因素，符合公众审美意识，具有地域性和时代性，突出城市精神文化内涵。例如“红色钻石”舞蹈中心坐落在中国北京富有历史文化韵味的东城区，是由一个废旧的工厂改建而成。设计师为了强调新舞蹈中心作为公共领域这一特征概念，将庭院改建为一个室外“剧场”，加以鲜艳的颜色——将胡同概念和周边环境得以复兴（图 2-24)。

图2-23　2010世博会土耳其馆

图2-24　上海东方艺术中心大厅

日本前卫建筑设计师妹岛和世和西泽立卫设计的纽约现代艺术博物馆新大厦，大量采用白色德尔花岗岩和玻璃。白色的建筑与周围环境自然融合，具有很强的时代性，充分体现了色彩在建筑化的公共艺术空间中的灵活运用 (图 2-25)。

2.3.2.3 质 (Texture)

我们说的质，主要指的是建筑装饰材料的质感和肌理。自然界中任何物体的表面都具有特殊构造且形成其表面特征，我们称之为肌理和质感。建筑空间形态是由各种不同肌理和质感的材料组成的，如果说空间的造型首先引人注目，而后色彩又进一步给以刺激，材料的肌理和质感则进一步加强空间的视觉效果，丰富了公众对空间的情感体验以及公众对空间中材质的审美感受 (图 2-26)。

图2-25　纽约现代艺术博物馆

图2-26 英国洛伊德保险公司大厦

在城市空间中，各种巨大的建筑，它们或是精致，或是粗糙，或是繁杂，或是简洁，或是时尚，或是永恒，或是坚固、宏大，或是亲切、温馨，或是富丽、高贵，这些特征都可以通过其表面材质传达给公众。建筑空间中各种材质的质感和肌理，不仅来自于视觉上，还来自于触觉给公众以不同的心理感受和审美体验。

建筑化的城市公共艺术更离不开材料的艺术表达。材质不仅是媒介和承载物、固着物，更重要的还在于材料自身被使用、并把其物理性质进行审美开发设计。不同的民族因为地域、环境等方面的原因皆有不同的偏好，诸如古代欧洲喜欢用石头，而中国古代更多用木头，这都源于采撷的便利，而由此形成不同的表达趣味与倾向。但在漫长的历史发展过程中，不同民族区域所喜好的材质便被更加深入地开发出材质自身的审美趣味。比如木质材料可以对生活情趣的各个方面进行细致入微的表达，可以遍布与人生活的方方面面；而石头主要在公共建筑和纪念性建筑中运用，因而更多用在历史宏大场面的叙述上。前者要求细致而深入，后者却要求整体而概括，这也恰好适应了木质与石质自身的材质特征。

理查德·韦斯顿在《材料·形式和建筑》一书中说：埃菲尔铁塔开辟了人类钢材材质审美的新篇章，它用铁架的框架结构、线条造成空间中时间感的变迁，把工程美学作为一种视觉解读在城市的上空，提供了一种全新的气体空间包裹着的感觉，奏响了一曲弹性平衡状态的钢铁之诗。他还说，建筑师喜欢用玻璃，那是因为玻璃的美学魅力让建筑师激动难耐。阿道夫·贝涅说玻璃中蕴涵的对纯净透明的渴望，对光彩夺目和晶莹剔透般精美的渴望，还有对无形的光芒和无穷生命力的渴望，都是使梦想得以实现的方式。这种用玻璃塑造场所精神的典范，可给予福斯特为德国国会大厦加建的玻璃顶，那是对民主的讴歌，对象征民主的最佳诠释（图 2-27）。

材料的质感所呈现的丰富的表现形式，本身就具有天然的审美特

图2-27 德国国会大厦穹顶

征。从艺术角度说，一般不主张改变材料的天然属性和面貌，材质本身具有的感染力和表现力影响着人的主观感受和审美体验。我们可以借助材质的各种表现形式，将其运用到建筑空间当中，起到丰富和装饰建筑空间的作用。当然这还要注意材质与空间的关系，不同的材料在不同的空间环境中的表现力是不同的。我们应该充分结合空间环境和地域人文来选择、挖掘材料自身的艺术表达语言，让空间、材料和公众产生对话和交流(图 2-28)。刘克成设计的富乐国际陶艺博物馆群主馆就是很好的例子，主馆远远看去像一个巨大的古式陶瓷窑炉和两个倒在地上的陶瓷瓶，寓意深刻，造型别致。建筑表皮材料为当地低成本的陶砖红砖和混凝土，无论是材料的选择还是形态都与当地的环境和文化精神很好地融合在一起(图 2-29)。

图2-28　上海世博会西班牙馆

图2-29 富平国际陶艺博物馆主馆

材料的多样化多元化是社会审美形态发展的必然趋势，也是审美多样化多元化的物质基础，不可能使用一成不变的材料，也不可能有一种材料永远都可能达到最好的审美效果的材质表现力。材质的多样化是空间环境的客观要求，特别是在当代城市空间环境中，高楼大厦构成现代城市空间的筋骨。传统的材料，诸如铜材、石材、木材等都会受到较大的局限，运用和研究各种各样的材料，营造时代性的审美空间环境是公共艺术价值实现的物质保证。某建筑的外墙采用两种木材的组合，提高了建筑外墙的质感，为我们研究多种材料在公共建筑艺术中的灵活运用提供了新思路(图 2-30)。

不仅如此，从现代理念来看，任何一种材料都可以用于公共艺术作品的创作。材料的选择和发展是无止境的，甚至可以说，这种空间形态审美的发展往往正是通过新材料的运用得到物质化的体现。由法国建筑大师保罗·安德鲁设计的苏州科技文化艺术中心的造型优美，为一独具匠心的开口向湖心延伸的椭圆形建筑，外型呈“新月牙”状，与金鸡湖湖面相呼应，核心是一块花园环抱的“玻璃岩”。整幢建筑设计理念新颖，形象鲜明，造型简洁、明快，犹如金鸡湖上的一颗璀璨明珠，气度非凡。科文中心的外墙以六边形双层铝合金挂板为基本单位，运用几何叠加的方式使得整个外墙犹如蚕丝般富有肌理感。这种外墙不仅展现了现代科学技术与苏州丝绸文化的融合，还具有遮光和节能的效果(图 2-31)。

对于建筑化的城市公共艺术表达，我们除了要充分挖掘传统材料的新的艺术表达语言，还要灵活智慧的运用新技术新材料，从而达到塑造更具艺术魅力和情感体验的城市公共空间。

由 2008 年北京奥运会体育场馆的设计师之一、举世闻名的建筑大师 Herzog 和 De Meuron 担纲设计，位于东京的 PRADA 全新旗舰店的设计理念源于通透的水晶，该建筑是一个高达 6 层的玻璃体(图 2-32)。时尚的外立面设计以菱形玻璃窗为基本单位构成极具现代感的

a 沭阳博物馆方案设计（铜材的使用）

b 塞维利亚世博会日本馆（木材的使用）

图2-30

图2-31　苏州科技文化艺术中心

图2-32　东京PRADA专卖店

幕墙，不仅外观新颖，其结构也是现在日本拥有的最复杂结构的建筑物之一。也是新型玻璃材料运用于建筑化的公共艺术的成功范例。

2.3.2.4 光 (Light)

光在建筑空间中有自然光、人工照明光以及物体反光等。由光形成的艺术形态会对人们的心理及情感构成或多或少的影响，比如不同空间所形成的不同光影会给人带来不同的心理感受。光不仅可以单纯的来照亮某一个空间还可以使得这个空间变得富有生机、活力、表现力以及艺术气息，满足了人们的心理需求和艺术享受 (图 2-33)。光是烘托空间、表现氛围的一个重要的艺术手段，所以它在公共艺术的设计创作中也显得越来越重要。

光影是塑造一个空间最为有力的手段之一。光线的明暗、强弱在不同的空间领域内会体现出柔和、夸张、韵律、雕塑等不同的空间感受。一方面塑造空间的体量、深度、序列关系等，另一方面也可以弥补一个空间环境的不足。“动”是光自身一个最具影响力的特征，不同时间段的光影变化会使得一个空间的体量、表皮肌理以及神态表情产生出有序列有组织有节奏的变化，给人以视觉和心理上别样的空间情感体验 (图 2-34)。再加上人工照明灯光的陪衬与渲染，整个空间会变得更为绚丽多彩 (图 2-35)。所以在公共艺术和建筑空间的创作设计中我们要根据空间所需要的艺术气息积极努力地去结合光影，来加强、丰富空间的视觉体验和精神感受。

对于一些特殊建筑性质的空间来说，光影元素更是必不可少的。教堂建筑空间需要的就是这种强烈的光影效果和空旷神圣的空间感受。比如在圣索菲亚大教堂 (图 2-36) 的空间氛围体验。光从穹顶周围紧密排列的窗洞中穿透，使得整个穹顶犹如悬浮在空中一样亦真亦幻，穹顶及拱顶上的金色和马赛克在圣光的照耀下显得圆润而又生动，极大地触动了人们的灵魂，使人们的精神得到了空前的升华。

在雅典奥运主场馆中的展示长廊也是一个空间光影表现的典型范

图2-33　密尔沃基美术馆

图2-34　光影在建筑空间中的各种表情

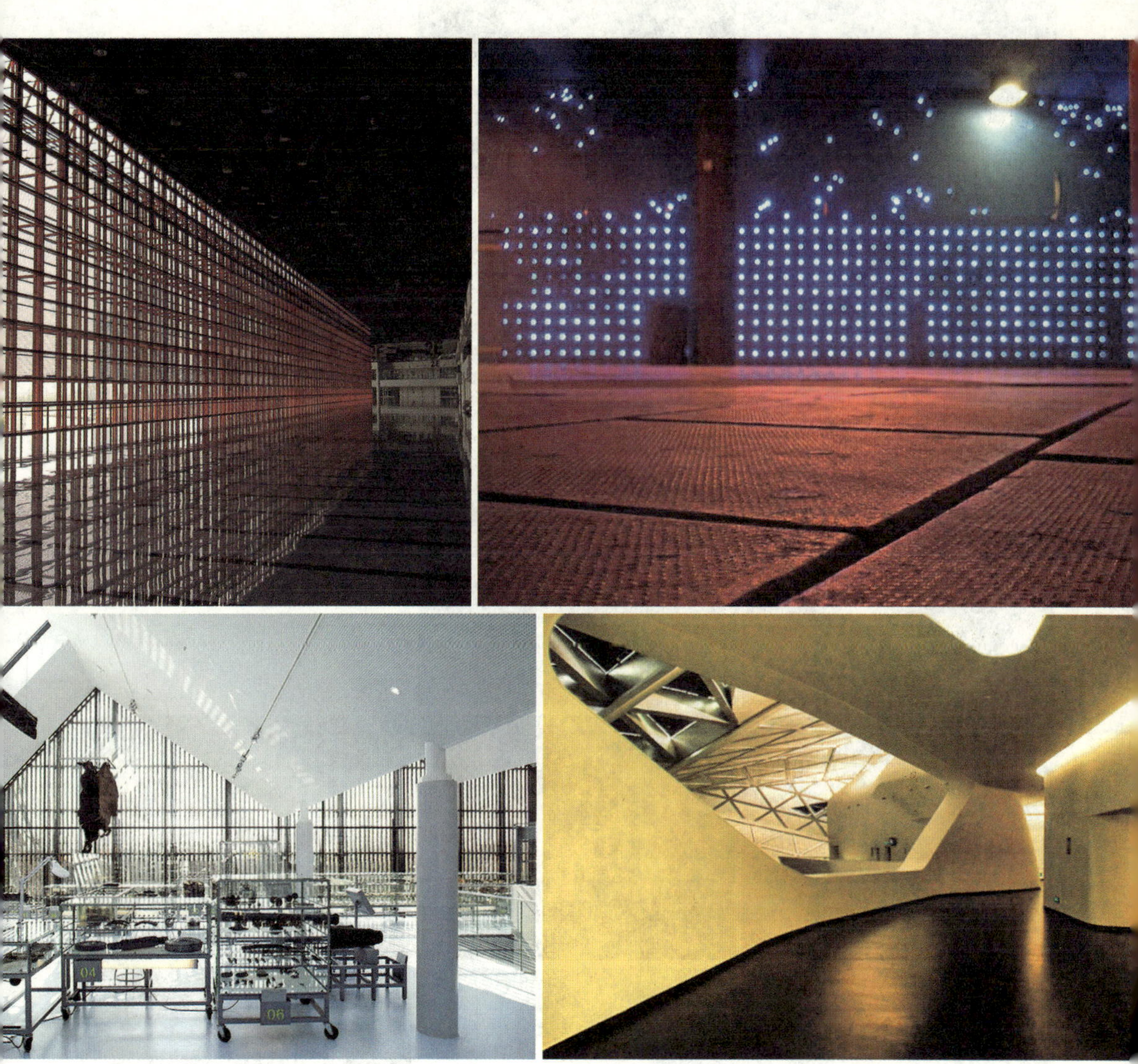

04
06

a 徐州美术馆（清华大学建筑设计研究院）

b 韩国大邱某购物中心

图2-35

图2-36　圣索菲亚大教堂中庭

例。长廊空间中的光影变化显得节奏而有韵律，梦幻而又高雅，希腊人称赞它是“天堂的大门”。雅典奥运主场馆由已有20年历史的旧场馆加建而成，西班牙建筑师圣迭戈·卡拉特拉瓦受雅典文化的启发，在综合体育场的升级改造工程中增加了很多创新理念。他希望这个富有时代特征的作品能够给人深刻的印象，并促进体育精神的发展。卡拉特拉瓦说这个设计是从拜占庭建筑、穹顶、爱琴海及其诸岛获得的灵感。建筑师独具匠心的把材料与技术、新与旧、创新与发展融合在一起，将公共环境的光影艺术表达的淋漓尽致(图2-37)。

在东京的克里斯汀·迪奥(Dior)专卖店，建筑师期望造出一栋简

图2-37　雅典奥运场馆的长廊

洁、纯净的建筑。建筑的立面构成与内部空间并不复杂，但是为了达到预定的立面效果，建筑师在外墙构造中所做的努力是值得我们借鉴的。在建筑外围护结构有一层波纹形的塑料，并在其上印有白色的条纹。透明的塑料保证了室内外的通透；而其上的白色条纹，则保证了建筑色彩的纯净；而塑料的波纹造型，使得其在夜晚被暗藏于地面的灯具所发出的光线能够被均匀的反射。最终出现在人们眼前的这栋建筑简洁、精美，而且纯净到了极致，尤其是在夜晚，在五彩的灯光装饰下，Dior 专卖店在东京的闹市区中仿佛一颗璀璨的明珠，成为灯光使用的优秀范例 (图 2-38)。

图2-38　东京克里斯汀·迪奥（Dior）专卖

第3章　建筑色彩——公共艺术的情感语言

3.1　建筑色彩认知

建筑色彩和建筑形态一样，都是一定历史时期和意识形态下的文化产物。建筑需要色彩来直接表达建筑的心情。

3.1.1　色彩学

1676年，艾萨克·牛顿用三棱镜证明了色彩的客观存在，牛顿发现光谱是一个连续色带：红、橙、黄、绿、青、蓝。并把阳光连接成一个色环，称为牛顿色环。除此之外，还有色立体、伊顿色相环、车氏色相环等。物理学家大卫·鲁伯特却发现染料只有三种最基本的颜色红、黄、蓝。1802年英国物理学家汤麦斯·杨得出光谱中的三原色是红、绿、紫。不管是光谱中的三原色或是颜料中的三原色，它们都有一个最基本的自然限制：这三种颜色中任何一种都不能由另外一种调和而成。

按照色光和颜料的混合规律，人们进一步知道，色光混合色彩如果变亮，则称为加色混合；颜料混合色彩如果变暗，则称为减色混合。

色彩可分为三要素：色相、明度、艳度。色相(Hue)：指颜色的相貌,用以表示红色、黄色、蓝色等颜色的特征，符号表示为H。明度(Value)：指色彩的明暗程度，以理论上的绝对白色和绝对黑色为基准给予分度,符号表示为V。艳度(Chroma):指颜色的浓淡程度,也称“彩度”或“饱和度”，符号表示为C。孟塞尔色立体是用三维空间来表示色相、纯度、明度的概念。伊顿色相环表现了颜色的对比关系，也就是伊顿所称的补色关系。

色彩可分为原色、间色、复色三种类型。原色：不能被分解，能调制其他颜色，也称一次色。红、黄、蓝三原色。间色：两种原色等量混合，也称二次色。复色：两种间色或三原色适当混合，也称再间色或三次色。

而影响色彩关系的要素有：光源色、固有色、环境色、空间色。色彩的属性主要有：暖色系、冷色系、补色、同类色、近似色、协调色。

3.1.2 建筑色彩的基本设计要点

建筑色彩的基本要求与其他形式美的要求一致，要充分考虑面积、位置、形状等因素，寻求统一与对比的关系，其基本要求就是色彩的对比和协调。

和谐、有秩序的色彩就显得协调统一，能给人舒服的感觉。用几个集装箱组合成的建筑设计事务所（图 3-1），让访者深深体会到事务所的独特设计，这也是色彩运用的另一功能。在色彩上直接运用了集装箱的原色，大胆的土红大红色等鲜艳明快的颜色，增强了建筑整体的雕塑感。

图3-1 丰富的色彩与集装箱的组合设计

3.1.2.1 色彩的对比

单纯的一种色彩是不存在的，一定会与周边的环境产生关系，当两种或两种以上的色彩并置时会发生对比效果。而且所有色彩的对比关系都是客观存在的，只是强弱不一，所以色彩对比对掌握色彩的设计是非常重要的，要重视色彩的对比关系。基本的对比方式包括色相对比、明度对比、彩度对比。

(1) 色相对比

色相对比是将两个不同的颜色并置在一起，形成的对比效果。色相对比的强弱，按照它们的色环位置不同而不同，可分为邻近色相对比、类似色相对比、中差色相对比、对照色相对比、补色色相对比五大类。

同一色相对比是位于色相环上 15° 以内的色相之间的对比。因为色相之间差别很小，所以对比效果较弱，容易造成单调、呆板的视觉感受。但是也容易形成统一和谐的视觉效果，如阿姆斯特丹老城运河河岸住宅在造型类似的外立面上采用中低明度的中黄色、黄褐色形成统一的主色调 (图 3-2)。

图3-2
阿姆斯特丹老城运河河岸住宅

类似色相对比是 24 色相环中间隔 30° 到 60° 左右的色相的对比。此时色相对比较小，属于弱对比，容易形成协调统一而又有一定变化的视觉效果，因此类似色相对比在建筑色彩中运用广泛。如伊斯坦布尔，大量的类似色相对比的建筑外立面色彩和屋顶色彩，使得整体风格统一(图 3-3)。

图3-3 伊斯坦布尔城市住宅

图3-4　希腊爱琴海居住建筑

对照色相对比是在 24 色相环中间隔 135° 左右的色相对比，此时色相之间差别较大，是色相间的强对比。如欧洲某城市色相对比强烈的居住建筑色彩，也正因为这类色相对比鲜明、强烈、注目性强，所以在建筑色彩运用中要谨慎 (图 3-4)。

互补色对比是指在 24 色相环上间隔在 180° 左右的色相的对比。此时对比最强烈，给人的视觉冲击力最大，让人易获得明确、强烈、丰富的视觉效果，同时也容易给人过分刺激的感受。

(2) 明度对比

明度对比是指色彩的明暗程度的对比，不同明度的色彩产生不同的视觉感受。通过明度的对比能反映出色彩的层次感与空间感。

明度对比强弱会影响人的心理感受，高明度基调给人的感觉是明快、干净、舒服，经常大面积的使用在建筑色彩中 (图 3-5)。中明度基调的色彩给人朴素、庄重、安静的感觉，如果运用不好，会产生模糊混沌的效果，清晰度较差。低明度基调给人一种浑厚的感觉，同时还具有沉重、哀伤的感觉，要慎重使用。

图3-5　明度对比

图3-6　彩度较高的墙面色彩

(3) 彩度对比

彩度对比是指比较鲜艳的色彩与较浊的色彩之间的对比。彩度的对比也分为三个级别，低彩度基调是由 1~3 级的低彩度色彩所组成的基调，容易让人感觉明快、干净、朴实的特点，可以用来完成大面积的配色，但是色相对比较弱会产生单调、贫乏的感觉，所以在大面积使用时要注意点缀色的使用。中彩度基调是 4~5 级的中彩度色彩组成的基调，让人感觉安静柔和。高彩度基调是由 6~9 级的高彩度的色彩组成的基调，给人鲜明、活跃的感觉，具有很高的注目性，当大面积的使用时给人很强的视觉冲击刺激，运用不当达不到效果反而容易产生生硬混乱低俗的感觉，所以在运用时要十分慎重 (图 3-6)。

3.1.2.2 色彩的调和

(1) 饱和度的调和

饱和度的调和大致分为三种：同一色彩饱和度的调和、类似色彩饱和度的调和、对照色彩饱和度的调和。

同一色彩饱和度的调和因为不含有其他的色系，所以感觉上会有明朗、含蓄、高雅之感，会十分协调，但是如果配置不当就会产生暧昧、缺乏个性的感觉。类似色相调和有较明快、安定、柔和的印象，但是要注意的是在使用时不要造成轻浮的感觉 (图 3-7)。

图3-7　类似色调和

对照色彩饱和度，由于对比鲜明，色彩本身就有很强的相互排反性，因此在使用时一定要考虑面积在其中的关系，不能让两个颜色势均力敌。对照色彩饱和度的使用得当会产生华丽、辉煌的视觉效果，若使用不好，便会产生混乱与俗气的感觉 (图 3-8)。

图3-8　对照色调和

(2) 色调的调和

色调的调和也分为三种：同一调和、类似调和、对照调和。同一调和是指色调图上同一个圆环内的色彩搭配，由于圆环内的色彩的明度和彩度完全相同，所以非常容易调和。在色调配色中越是彩度高的配色越应采用统一调和配色。类似调和是指临近的色调组合，由于临近的色调感情效果非常相近，所以极易调和。对照调和是指是色调差较大的色彩搭配调和方法，可以营造色彩感觉非常丰富的变化(图3-9)。

图3-9　色调的调和

3.2 建筑色彩构建

3.2.1 建筑色彩的公共理念

“建筑化”的公共艺术以建筑空间为载体，表达其审美意识和文化精神。色彩是建筑环境中重要的视觉要素，而建筑化的公共艺术色彩需要具备以下六个特性。

3.2.1.1 建筑色彩应传达城市精神和时代信息

作为城市公共艺术的建筑个体，应该在其色彩方面传达出一定的城市精神和时代信息，建筑色彩的塑造是与城市精神和时代精神紧紧联系在一起的，是一个城市的符号和标志。比如美国的白宫、英国的白金汉宫都是以白色为主色调，其精神内涵就是庄严肃穆、公平民主的象征；再如中国的古代的皇家宫殿的用色特点是建筑立面和屋顶多用黄、红、绿色调，大门、墙体也都是红色，绿、青、蓝等色的彩画也多用来装饰建筑细部，突显出王宫贵族高贵的社会地位，同时也折射出封建社会的等级分化。这些都是色彩在不同时代不同地域所体现的象征作用，以及在城市建筑中所体现出来的重要意义。而在当今城市，色彩缤纷的广告招牌、光彩夺目的霓虹灯、时尚醒目的高楼成为现代城市的重要标志，这些充满现代感的色彩充分表现出整个现代城市风貌（图 3-10）。

3.2.1.2 建筑色彩要考虑建筑所处环境

建筑总是处于特定的环境条件下，建筑空间的色彩设计应该与建筑场所的气候条件、地貌特征等自然条件相适应，与周围环境保持和谐。在确定建筑色彩时，必须注意环境对建筑的要求及建筑对环境的适应，要从整体出发，与周边建筑、街道、区域景观协调一致，从片到线进行规划设计并实施，打造和谐、舒适的城市空间环境，在进行建筑组群设计时要同时兼顾整体与细部的效果。例如，我们在徐州市户部山周围新建一座建筑时，就要考虑到户部山传统民居建筑和戏马

图3-10　苏州工业园区青少年活动中心

图3-11 建筑与自然景观融合

台建筑色彩的特点，新建建筑需要延续传统建筑的色彩文脉。再如，如果在徐州市云龙湖风景区新建建筑，就需要着重考虑新建建筑与云龙湖自然景观色彩的关系，考虑到色彩的视觉心理效应，使得新建建筑与自然景观互为背景、互相衬托(图 3-11)。

3.2.1.3 建筑色彩需要兼顾地域特色和动态发展的原则

每一个城市和地区都有自己独特的地域特色和传统的色彩特质，建筑色彩需要重视这种独特的色彩文化，这对于日益趋同的城市色彩

图3-12
马尔代夫海滨度假酒店建筑

风貌具有重要的实际意义。建筑色彩设计应根据区位特点，采用具有地域特色的色彩和材质，建设具有地域特色的建筑环境，为人们带来认同感和归属感的同时体现城市的历史文化和城市个性（图 3-12）。

传统的地方色彩文化很重要，但是我们又不能一味地不假思索的去仿制传统建筑，现代城市这种高密度的城市建设对建筑的设计有了适时的新要求。在建筑色彩设计中，应按照时代要求，注入新的时代因素，在延续传统的地域色彩文化的同时，兼顾动态发展的原则。建筑个体在某种程度上也是一个城市的时代精神的重要体现，当前新材料、新工艺的迅速发展，也为建筑色彩设计提供了各类可能，因此在建筑建设中，应该合理的运用新材料、新工艺、新思想，充分体现时代性和现代感。

3.2.1.4 建筑色彩需呈现出建筑空间的公共理念

中国传统的建筑空间采用的色彩在我们今天看来是标识符号非常明确的色彩，例如王公贵族的墙壁屋顶一般都采用红黄色调，平民百姓的居住建筑则统一为青砖灰瓦，因此这些等级分明的传统色彩的运用也让我们更加清晰的认识传统建筑。建筑的形态塑造了空间，而建筑的色彩又赋予了空间以生命力与性格特色，一个城市视觉面貌的合理化已与现代城市的发展息息相关，并与现代城市的空间理念相互交融在一起，即标识性的公共艺术色彩与空间形态一起共同成为传达城市精神空间的物质载体（图 3-13、图 3-14）。

图3-13 苏州沧浪新城规划馆

图3-14　标识性的公共艺术色彩

3.2.1.5 建筑色彩所表达的审美思想需要得到大众的共鸣

建筑师的审美观和处理形态的手段决定了建筑的质量和整体艺术效果。如果达到建筑与环境之间相互和谐统一，那么在任何建筑形式中都会蕴含着无数视觉上的美感。比如要设计建筑的色彩形态，就必须提取普通建筑中的一些元素及精华，并把它们重新融入建筑中，并置于显要地位，进而使之更加的和谐，这样才能表达建筑师的审美理想，只有在引发了普遍共鸣时才有现实意义。

3.2.1.6 建筑色彩的文化内涵应与建筑空间的功能特征相结合

色彩是一种语言形态，不同的色彩会给我们带来不同的心理反应。例如红色是热情奔放、崇高的象征，黄色代表的是积极向上和进步文明，蓝色则具有冷静、清高、理性的内涵。色彩因其视觉传达的直接性和丰富性是塑造建筑空间的重要元素，不同的色调可以产生不同的色彩效果，它能影响人们在建筑空间中的情绪。例如医院的墙壁使用白色可以使病人产生安静、舒畅的心理感受，对病人情绪的舒缓有很大的帮助；再如居室空间墙壁使用中高明度、中低彩度的红黄色相等暖色调进行调节会给居住者带来温暖、温馨的视觉效果，满足人们对于居住环境的心理倾向。因此建筑空间形态的色彩设计要在符合建筑主题的基础之上，把设计的色彩模式与建筑本身有机地结合在一起，相映成趣；尽量使建筑中的色彩变化与建筑形体变化相结合；建筑色彩通过与表皮构件之间适度的对比和衬托，使建筑材料自身的色彩和质感得到充分表现(图 3-15、图 3-16)。

3.2.2 色彩对建筑的营造作用

3.2.2.1 装饰作用

色彩作为建筑表皮的视觉要素之一，能给人最直接的感官冲击，是最为引人注目的，它比建筑形态和材料更具表现力，装饰美化是它最重要的作用。建筑因为受到自然环境、经济条件、功能特性和业主主观意

图3-15 鄂尔多斯博物馆

图3-16　徐州美术馆

志等多方面因素的影响，其形式一般比较单一，变化区别较小，因此，色彩在建筑外观上的装饰作用就显得尤为重要 (图 3-17、图 3-18)。

不同的色彩会带给人不同的视觉感触。色彩本身的物理性质比如明与暗、冷与暖、轻与重等会让人产生物体之间的距离感、尺度感、体量感、温度感等等。这些色彩效果在处理得当的情况下会赋予了建筑以生命力，不仅可以丰富建筑的固有形式，还能够活跃城市色彩。所以在建筑的色彩设计时，要充分结合建筑构造形式与色彩配比的关系，以求达到两者之间的相得益彰、和谐共生。

(1) 强化造型

建筑师为强化建筑的整体效果，往往通过运用建筑色彩的明暗对比来突出建筑形体的外轮廓。例如在居住类建筑中，为表现阳台和墙

图3-17 西交利物浦校园建筑

图3-18 埃德考奇艺术中心

面错落的空间关系，让阳台达到外凸的前进的感觉，常常在阳台处理中运用暖色系、明度高的色彩；而将墙面处理成冷色系的明度较低的色彩，使其具有后退的凹进的远离效果(图3-19)。

图3-19　加拿大梦露大厦

建筑色彩与形式具有一定的对应关系，某种形式和色彩可以给人一定程度上的心理暗示，这就可以通过合理运用形式和色彩在建筑构成表现方面形成互补关系。色彩大师认为“形状与色彩有以下对应关系：

正方形——红色（稳定、实在、饱满）；

三角形——黄色（锐利、醒目、明亮）；

正圆形——蓝色（轻快、流畅、漂浮）；

梯形——橙色（介于红色和黄色之间）；

正六边形——绿色（介于黄色和蓝色之间）；

椭圆形——紫色（介于红色和蓝色之间）”。①

形与色作为共同表现建筑的两个元素，二者是相辅相成的。色彩与形式的巧妙结合，能使建筑的整体视觉效果能趋于完善。在某些情况下建筑可以通过色彩的搭配等手段得以展现其艺术魅力，通过这些手法的合理运用可以使普通的建筑焕发出活力。

(2) 纯化造型

色彩不光能强化、丰富造型，也能纯化、统一造型。纯化造型这一功能就是通过统一色彩并加以归纳、概括，来达到建筑外立面的纯净化。比如利用一种或者两种基本色，对外立面装饰和构件系统复杂凌乱的建筑进行概括、统一，达到和谐统一的整体效果。西方古代的一些宫殿和教堂建筑往往造型复杂，立面装饰繁复，但是因为色彩比较单一，从而使其获得了统一的视觉效果，也可以采用统一色彩的方法把现代居住建筑中复杂的建筑造型进行纯化（图 3-20）。

(3) 丰富空间层次

建筑体形通常会受到自然功能、施工技术、建筑材料、建筑功能等各个方面因素的限制，这就给建筑师在营造建筑空间和体形方面带

---

① 约翰内斯·伊顿．杜定宇译．色彩艺术 [M]. 北京：世界图书出版公司，1999，6.

图3-20 色彩对建筑外立面的统一纯化

来许多难题。比如大体量平直的墙面会使建筑造型产生呆板、单调的感觉，此时通过色彩就可以丰富空间层次，改善空间形式的单调，弥足其不足之处。

在许多现代建筑中都可以在不改变其体形和材质的前提下，通过色彩来丰富原本单一、呆板的建筑。比如，柯布西耶在马赛公寓的凹廊侧面运用高明度的色彩，让原本比较单调、朴素的外立面达到了生机勃勃的视觉效果（图 3-21）。又如多层住宅的立面往往呈现一种立方体，给人砖块的感觉，进退关系不明显，建筑师可以通过色彩色相、明度或纯度的不同来重新划分和调节建筑的立面（图 3-22、图 3-23）。

3.2.2.2 识别作用

色彩不光可以装饰建筑外立面，还有区分识别的作用。通常情况下，建筑色彩的识别性表现为建筑外形的色彩比体形和材质更容易引起人们的感官注意。由于城市化进程加快和发达的科技水平，建筑构件和建材的标准生产，再加上大众化的建筑设计，体形相仿的建筑比

图3-21　马赛公寓

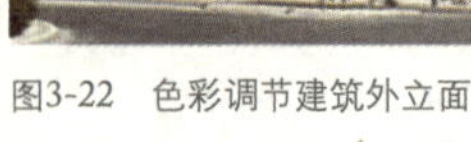

图3-22　色彩调节建筑外立面

图3-23　色彩打破建筑立面

比皆是。比如，城市建筑中所占比例最大的居住建筑，因为建筑体形单一，所以利用色彩变化丰富的特点可以识别那些在外形上很难识别的建筑。

色彩既可以区别不同性质的建筑，也可以区别统一性质建筑中的不同建筑。一般情况下，同一居住区的建筑造型区别不大，这时，就可以利用色彩进行组团、单元、甚至层与层之间区分（图3-24）。

3.2.2.3 情感作用

约翰内斯·伊顿认为："色彩效果不仅在视觉上，而且在心理上应该得到体会和理解……它能把崇拜者的梦想转化到一个精神境界中去。"① 色彩通过对心理上有意识或无意识的影响，从而左右人们的情感。

色彩的联想和象征功能是影响人情感的两个主要方面。比如我们看到绿色就会想到森林、生命等，森林属于具象联想，生命又属于抽

① 约翰内斯·伊顿．色彩艺术 [M]. 杜定宇译．北京：世界图书出版公司．1999, 6.

图3-24　色彩区分的建筑

象联想，这就是色彩的联想功能；又如我们可以用特定的颜色代表特定的内容，民族、地域、时代等，这就是颜色的象征功能。

建筑对人产生的心理作用也不相同，人们使用的居住类建筑，其色彩不光要考虑功能性的要求，还要考虑人们对其色彩的心理要求。当对居住类建筑进行设计时，建筑师不仅要考虑居住环境的设计，还要考虑其心理环境的设计，运用合理的色彩搭配，设计出一个可以满足心理情感对环境需要的居住环境（图 3-25、图 3-26）。

图3-25　温馨、明快的居住建筑色彩

图3-26　丰富多彩的居住空间

3.2.3　建筑色彩造型构建方法

建筑色彩造型有多种形式，点式、线式、面式是建筑色彩造型中最基本的几种形式。在具体建筑中，虽然不排除一些单纯的形式，但通常情况下，各种形式之间还是相互搭配应用的。

3.2.3.1 点式造型

例如在高技建筑的实际应用中，色点一般是结合建筑的一些细小构件设计的。比如，在大体量的墙面中通过对某些相对单独的建筑构件进行色彩处理，达到点式造型的效果 (图 3-27)。还有些建筑表皮的装饰是色点附加上去的，色点的分布可以是规则的或是自由的，它们常施加于关键部位形成重点构图，具有强调作用，也起着活跃气氛的作用。

图3-27　建筑色彩的点式造型

3.2.3.2 线式造型

建筑中的线主要是直线和规则的几何线，其中尤以直线为多。丰富多彩的线型可以构成丰富多彩、造型优美的立面图案，它很容易将不同的部分连成一体。用色彩表现各种线形可以使线的性格得到强调。

线在建筑中最常见的形式有横向式、竖线式、网格式三类（图3-28）。

3.2.3.3 面式造型

面式是由较大面积色块构成的图示，大面积色彩对比具有鲜明、简洁的特点，同时在大环境中，面形有较强的影响力。

建筑色彩造型是研究各种色彩之间的关系，配色的技巧主要取决于色彩三要素的感觉和针对具体的环境条件灵活恰当地运用（图3-29）。

a

b 横向式

c

图3-28　建筑色彩的线式造型

图3-29　建筑色彩造型

图3-30　建筑色彩的屋顶造型

(1) 屋顶

屋顶的色彩在建筑中具有重要的作用。建筑顶部的轮廓是通过屋顶与天空的色彩对比显示出来的，在设计屋顶的色彩时，除考虑色彩本身的表情外，还应注意到与天空的色彩及屋顶与墙面的色彩之间的关系。同时，还应把握屋顶对墙面的反衬作用，以达到两者相得益彰的整体效果 (图 3-30)。

(2) 墙面

墙面色的选择应注意与周围环境的色彩衬托关系 , 墙面色的选择应考虑建筑的性质。墙面与墙面上的门窗开洞、细部构件等小型色块构成的图底关系在很大程度上反映建筑的面貌。

墙面的配色可以分为明暗型、单色型和彩色型。设计时应充分注意面积色彩和谐的影响，建筑面积的用色一般是明度高、纯度低、色彩品种少会取得较好的效果，在具体的设计中反其道而行有时也会取得不错的效果 (图 3-31、图 3-32)。

图3-31　Izola 社会公寓

图3-32　建筑外墙面色彩

(3) 门窗等墙面构件

门窗的色彩包括玻璃的色彩和门窗框色彩两部分。玻璃由于具有反光和透明的特点，颜色是富有变化的。门窗框色彩在建筑中虽然所占面积比例小，但色彩灵活性大，可以根据需要设计多种颜色。门窗框色彩采用暗色可以使窗洞颜色加深，加强墙面与窗洞的明暗对比，使窗洞的外轮廓更加清晰；采用明亮的浅色时，窗框与玻璃之间形成明暗反差，使窗框本身的图形显示出来；窗框对玻璃还起着尺度划分的作用，此时窗洞内轮廓更加清晰。当立面或构件缺乏色彩变化时，可以利用色彩对比加强视觉效果 (图 3-33、图 3-34)。

图3-33　苏州爱心学城

图3-34　西交利物浦校园建筑外立面设计

3.3 地域文化对建筑色彩的影响

特定地区的建筑色彩会受到该地区自然地理环境和人文地理特色的直接影响，建筑色彩设计的意义不仅体现在视觉美学方面，更重要的是对于该地区或城市传统地方色彩的挖掘，并使之在新建筑中体现出来，成为地方人文环境特色的重要元素。

色彩学家朗科罗教授在“色彩地理学”中将影响一个建筑色彩体系形成的制约因素概括为两大方面：自然地理环境因素和人文地理环境因素。

3.3.1 自然地理环境因素

路易斯·斯威诺夫认为日光的特性对一个地区或城市的景观色彩面貌有决定性作用，而该地区的自然地理条件又决定了该地区的日光特性，因此该地区建筑的色彩面貌会受日光的角度、强弱等的直接影响。不同地区的阳光强弱有所不同，高纬度地区和高原地区受到的阳光照射强，低纬度地区和平原地区受到的阳光照射弱一些。联系到光与色的原理，柔和的光环境会使色彩的彩度相对突出，而强烈的光线会使色彩的彩度相对减弱。因此，相同色度值的色样品，在多雾的伦敦要比在阳光透射力强的威尼斯显得鲜艳很多。也不难发现，意大利更容易接受热烈温暖的色彩，而英国人则喜爱稳重含蓄的色彩，这在很大程度上是因为地理环境上的差异。

自然地理环境因素对建筑色彩的影响，主要表现在气候条件和地方材料两个方面。

3.3.1.1 气候条件

一个地区的气候条件会直接影响该地区的自然景观，对该地区的建筑形式和建筑材料也是重要的制约因素。色彩的载体是材料，因此建筑色彩也将受到气候条件的制约和影响。然而气候条件对建筑的影响随着人类历史的发展，正在不断削弱。远古时期，生产力水平低下，人们大多采用天然建筑材料，气候条件对建筑形式具有据定性作用。影响建筑色彩最为显著的两个气象要素是气温和降水。

(1) 气温

气温不仅是重要的气象要素，也是影响建筑材料和色彩最重要的气象要素。气温是最重要的气象要素之一。气温对人们的色彩视觉感受和心理效应产生很大的影响，生活在热带地区的人们，如澳大利亚的悉尼，更乐于接受在视觉上清淡、安静的、纯度和明度比较低的冷色系和无色系，比如灰色、白色、淡蓝色等，在材料的选择上偏好视感偏冷的，如光滑的石材等；而生活在寒带地区的人们，如俄罗斯的莫斯科城，则更容易接受视感温暖、火热的暖色调和亮色系，如红色、黄色等，也更愿意采用木材等视感温暖的材料 (图 3-35)。

图3-35　悉尼和莫斯科的建筑色彩取向

(2) 降水

一个地区的降水量会直接影响该地区的自然面貌。一个地区降水量的多少，会直接影响该地区的自然植被和自然景观的色彩。多雨的地方气候湿润、植被茂密、种类繁多，四季植被色彩丰富，建筑色彩应偏素雅，与植物景观统一和谐。降雨较少的地方，树木稀少、色彩单调，建筑色彩较宜丰富，成为环境色彩的和主要组成部分。

3.3.1.2 地方材料

地方建筑色彩形成的最重要原因是使用地方性的建筑材料、采用传统工艺。生产力低下和科技水平落后的条件下，自然环境对城市的建筑建造影响很大，建筑材料一般是在现有的自然环境和技术条件下来获取的。不同地区的自然地理条件不同,技术条件、工艺水平也不同，因此各地所提供的建筑材料也有所不同。

随着生产力的发展，科技水平的提高，自然条件对建筑材料和色彩的约束力逐步减弱，在技术水平和工艺高度发达的今天，这种约束力已经微乎其微。然而，正是这种逐步发展的过程的积淀，成为人文社会的重要组成元素。从某种程度上说，高度发达的科技水平和交通手段所带来各地区建筑材料和工艺的趋同，严重破坏了地区人文景观的特性，如今的上海和悉尼日益趋同 (图 3-36)。

图3-36　日益趋同的上海和悉尼

因此，在城市化进程不断加快的今天，我们必须在使用新技术、新工艺、新材料的同时，使用地方性材料，采用传统工艺，保护地方建筑景观，使建筑的地域性得以持续和发展。

3.3.2 人文地理环境因素

3.3.2.1 人类共性因素

色彩心理学研究表明，人类对不同色彩的感知会引发不同的心理联想，而这种心理联想存在着一定的共性，影响着人们对色彩的好恶。

法兰克·马汉克 (Frank H. Mahnke) 提出的“色彩体验金字塔”(图 3-37) 认为人们对色彩的视觉感知是一个复杂的体验过程，即对色彩刺激的生理反应——潜在无意识集——有意识的象征和联想——文化影响和独特风格——潮流、时尚和风格的影响——个人体验。

从图中可以看出，这是一个从生理反应到心理反应再到文化影响的过程。同时我们也可以看到，从“有意识的象征和联想”到“文化影响和独特风格”的飞跃，是有质的差别的，在“有意识的象征和联

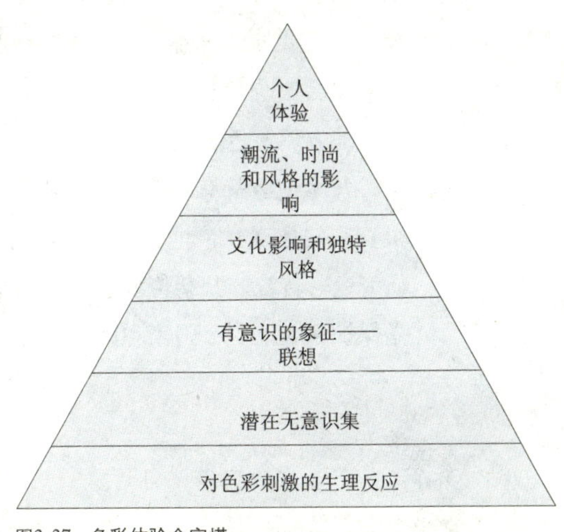

图3-37 色彩体验金字塔

想”及前两个体验过程是金字塔相对较低层的部分，是没有地区、民族、文化的限制而产生的生理和心理反应，是人类对色彩感知共性的反应，从“文化影响和独特风格”继续这个体验过程，复杂的、具有独特个性的因素开始作用，这些因素大到地区特点、民族、文化特征，小到个人的性别、年龄、性格、习惯、宗教信仰、受教育程度、个人经历等等。由此可知，人类共性是掌握地方色彩文化特征的第一步，在此基础上才能更好地把握金字塔中的高级体验，反过来真正掌握色彩的地方性。

3.3.2.2 人文社会环境因素

人文社会环境因素对一个地区的建筑色彩体系的形成具有主导作用。朗科罗教授“色彩地理学”中指出“作为建筑的构成要素，不同类型住房的色彩是就地取材（自然地理环境因素）与当地传统惯用色彩（人文社会环境因素）二者紧密作用的结果，这就是我们所说的‘色彩地理学’”。①

影响人文社会环境的因素有很多，其中受自然地理条件和技艺水平的限制而形成的地方传统用色习惯，也称为色彩传统，是重要的组成部分。此外，思想意识、社会制度、宗教观念、文化习俗、科学技术等也会影响色彩传统的形成。因此，对色彩传统的调查和研究，是进行地方建筑色彩设计的重要依据和前提。

每个地区都有与民族和文化紧密相关的色彩传统，这种色彩传统很直观的体现在该地区的传统建筑上（图 3-38）。在现代城市建设中，研究色彩传统，归纳传统色谱，结合新工艺和新材料，合理体现出来，是保护和继承一个国家和民族的地区文化特性的重要方式。

① 尹忠谨．城市色彩景观规划设计 [M]. 南京：东南大学出版社，2004.

图 3-38 "水乡"苏州和"水城"威尼斯的传统建筑色彩

3.4　多元文化发展背景下公共艺术的色彩趋向

约翰·拉斯金曾经说过："材料应该是建筑中唯一的色彩。"材料是色彩的物质载体，色彩依托于材料，不能脱离材料而独立存在，我们不能抛弃材料而抽象的去谈建筑的色彩关系。建筑饰面材料的作用除了保护建筑主体和满足使用功能之外，很重要的一点就是形成建筑物的艺术形象。通过饰面材料、色彩和质感，使建筑物外观蓬荜生辉、达到完美的视觉效果。建筑色彩如何搭配的问题很多时候就是建筑饰面材料如何组合的问题，建筑材料种类多样化，使得色彩组合方式丰富，很好地满足了我们对建筑色彩的视觉感知要求。色彩大师吉田真吾先生这样评价色彩与材料的关系："色彩本身并不存在美丽或丑陋，主要的问题是如何运用色彩。通过调查地区具有创意的色彩，着色师就可以提取出地区所寻求的色彩，并将其与恰当的形状和材料相结合，以表达一种具有创造性的、美好的环境"(图 3-39)。①

建筑饰面材料主要分为两种：一种是天然材料，一种是人工材料。天然材料是指取自天然，经过人工加工之后依然保持材料的天然性质的建筑材料，如天然石材、木材等，天然材料比较柔和含蓄、层次丰富。人工材料是指在自然界中本身不存在，经过各种技术手段生产出来的，如人造石材、玻璃等。以前的建筑基本上都是用天然材料所建造，因此建筑所表现出来的也是天然材料的色彩。比如古埃及的金字塔、古罗马圆形大剧场、帕提农神庙，它们都用石材修建，很好地与环境相融合，时至今日它们展现给我们的依然是其固有色彩(图 3-40)。科技的不断进步也使得建筑工艺不断提高、建筑材料不断更新，由此也带来了建筑的新形式和不同的色彩。现代居住建筑的饰面材料主要有：涂料、饰面砖、混凝土、石材、木材、玻璃制品和金属压型板等，

① (美) 哈罗德·林顿编著．建筑色彩——建筑、室内和城市空间的设计 [M]. 谢洁，张根林译．北京：水利水电出版社，2005.

图3-39 Winery Hotel

图3-40 希腊 帕提农神庙

任何一种材料都是色彩最直接的体现。

材料的质感与色彩的表现有密切关系，材料的质感对光的吸收和反射影响很大，因此也直接影响到建筑的色彩。玻璃、不锈钢、抛光砖等光洁面的材料对光的反射率接近 100%，因此我们看到的往往不是材料本色而是材料对周围环境映像的色彩。粉刷类的材料，如涂料，表面细腻，对光的反射和吸收都比较均衡，因此展现出来的色彩一般是材料的固有色。毛石、混凝土等表面粗糙、甚至凹凸不平，对光的吸收和反射不均匀，凹进去的部分会有深色的影子，会使固有色加深。材料的质感对建筑的风格特征有直接的影响，在现代居住建筑中要充分运用材料的质感来表现色彩，塑造建筑个性 (图 3-41)。

图3-41　苏州工业园区创意产业园

第 4 章　建筑材料——公共艺术的语言基础

4.1　建筑艺术与材料表达语言

建筑立面的艺术表达依赖于材料本身以及组合方式的表达。通过不同的材料和不同的组合方式来创造出不同表情的建筑，使人们产生对建筑感知上的差异与认可。

每种材料都有自己独特的设计语言，它们表现在建筑物之中。不同的材料带给人们的体验是截然不同的。就像路易斯·康曾说过："你要忠实于你所用的材料。不要胡乱地说：'行啊，我们有很多材料，我们即可这么用，也可那么用。'这是不对的……如果你忠实于材料，并知道它究竟怎么样，你所创造的东西就会是美的。千万别把材料用到次要用途上，不然它就会让别人来忠实地使用它。"路易斯·康所意，材料设计要了解所用材料的表达特征。只有真正地将材料本身表达出来才能有益于建筑艺术的体现，建筑才能通过视觉表达从而有效的被感知（图 4-1）。

4.1.1　砖立面效果——小体量与强大的"编织"功能

砖是建筑用的人造小型块材，分烧结砖（主要指黏土砖）和非烧结砖（灰砂砖、粉煤灰砖等），俗称砖头。黏土砖以黏土（包括页岩、煤矸石等粉料）为主要原料，经泥料处理、成型、干燥和焙烧而成。中国在春秋战国时期陆续创制了方形和长形砖，秦汉时期制砖的技术和生产规模、质量和花式品种都有显著发展，世称"秦砖汉瓦"。

4.1.1.1 视觉特征

在当代建筑师眼里砖是一种富于变化和表现力极强的材料。首先

图4-1 Spiral Cafe

砖拥有较好的质地，是一种绝妙的物体。同时其外露的材料质感也是一种很好的艺术形式，其次砖的自然美主要体现在其色彩、表面质感、图案肌理以及由这些所构成的建筑实体和艺术造型。砖还拥有传统的、永恒的、简单的和随时间流逝而魅力剧增的特质，它随时间的推移会沉淀出美感，人们可以读出它们赋予建筑的历史感(图 4-2、图 4-3)。

密斯·凡·德·罗曾经说过："砖是一位与众不同的老师。它那小巧、便于处理的体型异常的聪颖，适于各种用途。放置整齐时，它的排列独具逻辑性。它的接合形式又凸显生机勃勃之感，甚至连简单的墙壁也变得丰富多彩。"

图4-2 李可染故居

图4-3　李可染艺术馆

图4-4　巴比伦的伊师塔门

4.1.1.2 表达手法

砖的不同的排列砌筑方式将建筑立面进行编织，它强大的编织功能可以形成形象图案和浮雕效果。砖的体量较小、颜色浑厚丰富，因此可以对不同颜色的砖进行多种方式的组合排列，产生变幻无穷的图案，以及丰富的肌理；在编织的过程中将部分砖块有规律的稍微凸出于表面而形成浮雕艺术效果。砖的编织可以使立面富有动感和美感。早在公元前 562 年（图 4-4）巴比伦的伊师塔门上，就出现了在砖墙上的动物浮雕，同时也折射出古巴比伦有着令人惊奇的文明和极其灿烂的文化。

图4-5　德国汉堡学校

德国汉堡学校建筑立面（图 4-5）在统一的排列形式下，垂直向匀质地加入了水平波纹状排列方式，使立面起伏有序，远观仿佛是雕刻而成。威尼斯总督府（图 4-6），建筑的立面通过砖颜色的组合进行编织，效果仿佛织毯般极具特色。

图4-6 威尼斯总督府

4.1.1.3 表达内涵

很多建筑师都对砖情有独钟，并曾对这种材料有很高的评价。路易斯·康、马里奥·博塔、阿尔瓦·阿尔托等建筑大师的作品把砖编织的淋漓尽致。

路易斯·康曾为砖寻找“正确的”表达方式，他认为这需要同材料进行多次反复并且很有说服力的对话。最经典的当属那段康与砖关于它的用途的真诚的对话。“砖，你想要什么？”砖对你说：“我喜欢拱。”你对砖说：“你看，我也想要拱，但是拱很贵，我可以在你的上面，在洞口的上面做一个混凝土过梁。”然后你接着说：“砖，你觉得怎样？”砖说：“我喜欢拱。”康认为可以同任何材料进行这样的对话，将材料看成是“有生命的”，并尊重它的“权利”，这才是寻找展现材料独一无二特性的最佳途径。康利用这种方法来对待砖，结果收获颇丰。他的作品埃克塞特学院图书馆（图 4-7)，砖的应用让建筑更加整洁而富有内涵，这充分表明了康对材料特别是砖的尊重与理解。

砖是马里奥·博塔所宠爱的素材，他用砖塑造出建筑外表面。他

图4-7　埃克塞特学院图书馆

图4-8 旧金山美术馆

图4-9 贝克学生公寓

在自己的建筑作品中历经种种尝试，不断地探寻砖在建筑表现中的可能性。他的代表作品如：法国艾弗天主教堂、卡洛葛尼独家住宅、以色列特拉维夫辛巴利斯犹太人教会堂、旧金山美术馆(图 4-8)。

这些作品充分体现了他对砖的热情追求和对建筑细部构造的一丝不苟。他注重细部处理，认为细部就是善于使用材料，而局部地赋予作品新的意义。

另外一位建筑大师阿尔瓦·阿尔托更是钟情于砖，他擅长运用具有漂浮感的大面积砖墙，不仅发挥砖墙的表现力，更强调每块砖的个性所产生的肌理特征。在贝克学生公寓的设计中，他选用了一种粗糙的硬砖，甚至要求不规则的砖也要派上用场。那些歪斜的砖块看上去似乎要从墙面上坠落一样。他让泥瓦匠们在砌筑时，使砖与砖之间都呈微小的角度，从而增加墙面表情的丰富程度。此外，他还在自已的穆拉特赛罗的避暑别墅中，将多种不同的砌筑方式进行穿插拼贴，从而形成无比丰富的效果。阿尔托认为，砖的本质就是那独具特色的肌理，正是这一点使其成为华美的立面“装饰”(图 4-9)。

4.1.2 石材——自然丰富的图案肌理

石材是使用历史最长的建筑材料，种类也最多，所发展出来的形式，技术，代表作，也是数量众多(图 4-10)。

图4-10　石材的应用　四川绵竹历史博物馆

4.1.2.1 视觉特征

石材坚固、耐久性好，应用广泛。石材的一个最重要特点就是具有微妙丰富的纹理和色彩和肌理，能与自然环境相呼应。石材的矿物成分和颜料成分决定了石材的特殊纹理和色彩（图 4-11）。

4.1.2.2 表达手法

拼接法，是指充分利用石材自身的质感和纹理进行拼接，从而创造出耐人寻味的建筑立面。

20 世纪最为著名的建筑物，密斯·凡·德·罗的巴塞罗那馆（图 4-12），整个作品选材精细，尤其是石材的选用更加讲究，采用了颜色、纹理、质地精细的抛光大理石。比例精准的大理石作为展馆的边界及背景，与水中雕塑、馆中钢材形成对比，进行着纯粹的材质展示，反而使整个建筑艺术质量达到空前的高度，展现出高贵典雅的品质。

层叠法，是指将石材水平砌筑，使立面产生水平层叠错觉的美感。

赖特建造的流水别墅是应用天然石材层叠立面的最出色的例子。外墙粗糙的层状结构看起来与房屋所在的河床上的层状结构互相对应

a 苏州工业园区独墅湖会议酒店

b 影山接待中心

图4-11

图4-12　巴塞罗那德国馆

图4-13 流水别墅

起来（图 4-13）。60 多年以后，彼得 · 卒姆托选择同样的建造方法，但应用了规则的石材，建成了位于沃尔斯的温泉外墙立面（图 4-14）。为了让建筑本身的色彩和材质和谐地融入周围环境，宁波博物馆外墙面使用了“瓦爿墙”，这样即达到节能、环保和“可持续建筑观”，又继承发扬宁波传统建筑文化（图 4-15）。

4.1.2.3 表达内涵

石材本身所具有的沉静、坚韧、刚毅、雄浑、高贵的气质，表现

图4-14　沃尔斯的温泉

图4-15　宁波博物馆

出文化内涵与精神需求。石材作为砌筑或者装饰材料在现代建筑表皮中使用时，石材本身的气质应该得到尊重。

4.1.3 混凝土——质感的丰富性与极强的塑性

4.1.3.1 视觉特征

混凝土这种建筑材料的出现与使用是建筑史上一个重要的发展阶段。它有着良好的耐久性，并且使用方便，连结性能较好，与钢材结合有很高的承载力。由于混凝土材料是一种塑性材料，它的外表面表现的并非是从搅拌机中流出的混凝土本身，而是容纳它的模型。混凝土的颜色大都是我们常见的灰白色，当加入少量颜料、特殊颜色骨料或水泥时可以使混凝土着色。例如德国科隆教堂立面呈现出五种颜色的混凝土。

4.1.3.2 表达手法

混凝土的表达手法则是充分利用混凝土极强的塑性来雕琢建筑。正如柯布西耶所说："我使用过'粗混凝土'，结果表明：它完全忠实于模型，是使用模具复制的完美材料。混凝土是一种不会欺骗的材料：它替代和去除欺骗的需求——涂层。'粗混凝土'宣布：我就是混凝土。"

赖特的作品古根海姆美术馆的流畅平滑的螺旋立面充分证明了混凝土所具有的随意造型的能力。在这个作品中，不规则、不间断的立面克服了必须用连贯的模板和连贯浇注的矛盾，达到了连贯性且无接缝的艺术效果。在当时，是最富有挑战性的。

4.1.3.3 表达内涵

时势造英雄，材料也成就了建筑师。混凝土就成就了一批建筑大师，如柯布西耶、安藤忠雄、路易斯·康、扎哈·哈迪德等等，他们每个人都对混凝土有自己独特的见解和使用方式：

(1) 粗犷与细腻

柯布西耶的作品与混凝土应该是难解难分的，混凝土是他最中意

图4-16 朗香教堂

的建筑材料。他认定这种材料真正的本质就是粗糙，以及它能够与自然紧密结合，这些正是他作品的标志。他设计的马赛公寓、拉图雷特修道院、昌迪加尔法院、朗香教堂等都是粗野主义的典型实例。例如朗香教堂(图4-16)，犹如一个粗犷的混凝土体量从草坡中破土而出。厚重的混凝土高墙，细长的观察窗，再加上混凝土粗糙的质感，使建筑的雕塑感极强，这正是充分利用和发挥混凝土厚重朴实的特性产生的效果，产生了丰富的表现力和空间形象。

清水混凝土成为安藤忠雄建筑的标志材料。而他却追求混凝土的精致与细腻，力争表达出混凝土的雅致与自然的效果。例如住吉的长屋、小莜邸、姬路文学馆、大阪飞鸟博物馆等等都是安藤忠雄的代表作。在日本大阪飞鸟博物馆设计中，混凝土被安藤演绎得宁静、典雅(图4-17)。这与柯布西耶的作品恰恰相反。

图4-17 日本大阪飞鸟博物馆

图4-18 埃克塞特学院图书馆细部

(2) 建造与细部

路易斯·康的建筑更多的体现了混凝土材料建造的方式，而不是揭示某种虚幻的内在本质。在埃克塞特学院图书馆(图 4-18)的设计中，他特别使用了柚木面的胶合板作为模板，并极度细心地让它们留下浇注过程的痕迹，生出一种精妙的构造装饰效果。

4.1.4 木材——“最有人情味的材料”

木材是乔木和灌木次级生长，所形成的木质化组织。木材对于人类生产生活发挥着重大作用(图 4-19)。

图4-19 The Water House

4.1.4.1 视觉特征

在现代建筑中，木材成为建筑立面的重要材料。木材是一种在全世界各个地方都有应用的材料 (图 4-20)。

图4-20
李可染艺术馆内部的师牛堂

4.1.4.2 表达手法

不掩饰本身特性与建构搭接。使用木材作为建筑材料时，要充分尊重木材的自身特性，保持其原有美感，不能破坏木材本身的纹理及光泽。运用木材可以营造出自然并具有独特韵味的建筑立面。随着木材作为建筑构件的趋势越来越明显，建筑师也越发热衷开发新的手段来发挥它们的各种特性。有的木材经过加工但不加任何涂料，有的木构件保留榫卯等节点，从而充分保持材料的本质。王澍设计的中国美术学院象山校区尤为出色(图 4-21)。他用木材设计的门窗和墙让建筑回归纯朴本性并融入自然。同时，完全打破通常所持有的展示空间的概念，它的原始味道不仅体现了木构的美，同时使身入其间的人们甚至可以嗅到木材的芳香，感触自然的意境。

图4-21
中国美术学院象山校区

4.1.4.3 表达内涵

木材是最富于生命气息的材料，具有亲和性，并具有独特的纹理和光泽，人们乐于接近它，触摸它。

隈研吾设计的漂浮咖啡厅位于一片田地之中，室外被一个木条错层排布系统包围，咖啡厅的结构视觉上倒置，呈现出屋顶上延续的层次。同样由他设计的梼原木桥博物馆采用本地红衫木通过小构件组成的大体量。建筑被设计成一个极具雕塑感的三角体量，并对周围的环境表达了尊重。整个结构由底部的支柱承重，上部采用 180mm × 300mm 体量的牛腿堆叠进行实现（图 4-22）。

图4-22

a 漂浮咖啡厅

b 梼原木桥博物馆

4.1.5 玻璃——神秘与优雅的化身

玻璃幕墙的装饰性

4.1.5.1 视觉特征

玻璃是最具魅力的建筑材料之一。玻璃为建筑立面设计提供了巨大的发挥空间。由于玻璃涂层的变换，玻璃有了丰富多彩的色彩，这也使立面产生了有趣的艺术效果。在形态上，玻璃分平板玻璃、曲面玻璃、玻璃砖和砌块等(图 4-23、图 4-24)。

图4-23 大面积的玻璃幕墙

图4-24 徐州市美术馆装饰玻璃的穿插使用

4.1.5.2 表达手法

(1) 反射与折射的特性

玻璃这一材料的创意运用为人们带来了感官上的愉悦，这自然归功于玻璃本身所具有的反射和折射的特性，它们是丰富建筑表面的一种工具。例如，韩国首尔的 SK 公司 (图 4-25)。

图4-25　韩国首尔SK公司

图4-26　雅马哈东京银座大厦

图4-27 英国伦敦大英博物馆

(2) 透明性与半透明性

玻璃的透明和半透明特质历史性地赋予建筑一种其他材料所没有的美学品质。它使建筑具有变化、运动和创造特定环境的能力。

随着建筑界极简主义的盛行，越来越多的建筑师尝试了玻璃的另一个新特性——那就是它的半透明性。例如维尔·阿雷兹设计的博克斯特尔警察局设计中，立面采用窄条状光滑半透明玻璃与铝材框架主结构组合的外观，半透明的纯净外观给人以冰质感和神秘感。同时维尔·阿雷兹将玻璃的立面寓意着这样一种特质，即外表的柔弱预示着更强大的内在实力。

4.1.5.3 表达内涵

玻璃，有一种神秘和优雅的独特气质。它令喜好幻想的人们痴迷，对艺术家和建筑师更是如此。玻璃的唯美形象使它因此可以进行任何比喻，并可以具有所有功能。它的品质似乎总是可以唤起人们的梦想和遐思。无论是透明的，还是半透明的，玻璃似乎都给显现的光与影增添了一种其他任何材料都无法效仿的优雅浪漫情调 (图 4-26、图 4-27)。

4.1.6 金属——“银色美学”金属的工艺材质

金属具有良好的延展性，可以进行塑性、磨光或抛光。在材料世界中金属是坚固坚硬的象征。人类对金属冶炼技术的掌握，以及铸造、锻造和焊接等加工技艺的提高，金属材料开始大量用于制作城市雕塑作品，与此同时，也逐

图4-28　金属材质在城市公共艺术中的应用

渐应用于建筑表皮（图 4-28)。

洛伊德保险公司总部位于伦敦市金融中心地带，它的历史最早可以追溯到古罗马时代。这座建筑完成于 20 世纪 80 年代，表现了强烈的机械金属美学意向，也是当年高技派建筑的代表（图 4-29)。

4.1.6.1 视觉特征

金属材料因其具有良好的耐久性而广泛使用。金属是由矿物质精炼而成的元素，每一种金属都由于自身的构成要素和被制造的不同流程拥有各自独特的属性、颜色、性质和用途。在建筑中，它由承重结构的角色走向了立面“幕墙”的角色，金属的色泽具有现代感，常用

图4-29
洛伊德保险公司大厦

的有钢、铝、铜、钛等，他们分别有自己的色彩。

金属表面光泽分为亮光和亚光，表面细腻、光洁、均匀，具有理性的技术美，是高级派建筑师乐于使用的表皮材料之一。金属的形态大多为板材、金属百叶、穿孔金属板等形式，穿孔金属板可以构造出带有渗透性的建筑立面。由清华大学建筑设计研究院所设计的徐州美术馆表皮材料就是采用了穿孔金属板，穿孔图案的构思来源于徐州当地出土并具有代表性的汉代玉龙图案，通过抽象手法，使建筑表皮形成了一个吻合地方文化内涵的建筑表皮 (图 4-30)。另外，金属通过人工或机械锻压等呈现出不同的肌理质感 (图 4-31)。

4.1.6.2 表达手法

由于计算机辅助设计及金属加工技术的提高，在极为精致的承重框架上，金属除了可以作为表皮覆盖于形式极为自由的建筑之外，这种特殊的金属外观质量还可以加强建筑物的雕塑效果。

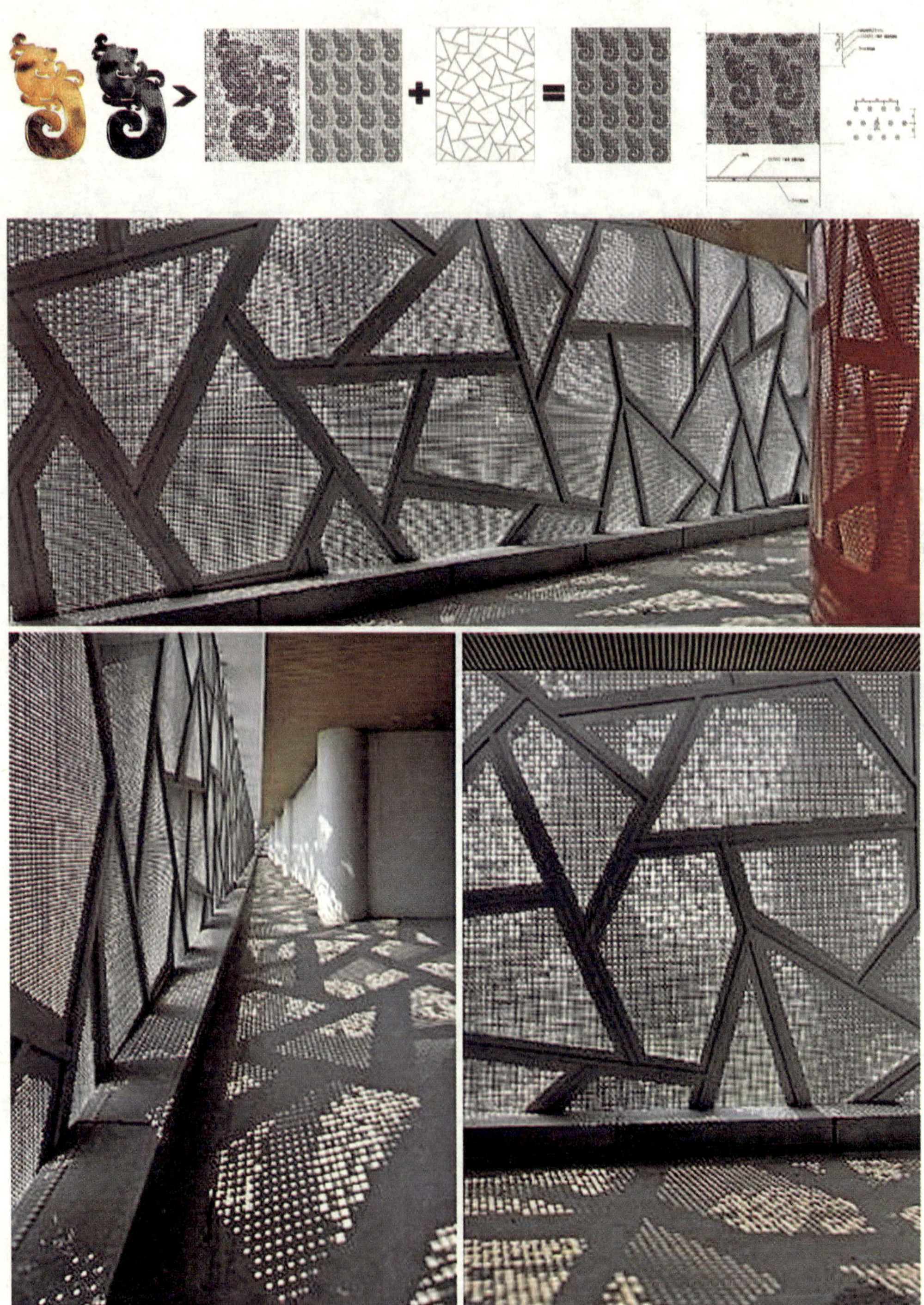

图4-30 徐州美术馆表皮

图4-31 利物浦购物中心设计

如英国伦敦的Thames Barrier洪水防控中心(图4-32)和由伦佐·皮亚诺设计的位于罗马的听众厅。建筑形式弯曲动人，外立面采用粗化铅。

弗兰克·欧文·盖里设计的西班牙毕尔巴鄂古根海姆博物馆(图4-33)，闪闪发光的钛金属板结合内部复杂的龙骨系统，整体包裹出了形状极不规则的建筑体量，形成了特殊质感的美丽。

光亮的金属表面具有一种模糊效果，它的金属色泽和反射效果可以融合建筑的光线和阴影、平墙和曲墙，使建筑各部分浑然一体。在日本大阪山区一个小型娱乐公园内，建有一个具有雕塑性的地标建筑。它没有屋顶、墙体和柱子，通过波状钢板而展现出一个单独的流动整体，这更充分说明金属具有良好的塑型能力。

4.1.6.3 表达内涵

在工业时代的背景下，建筑愈加变得带有鲜明的时代特征。金属、钢构件、合金等新型材料的出现赋予了建筑以简洁、明快、有力度、有体量的工业化痕迹。这种工业化技术体现的不仅仅是一种建造过程的速度、严谨和精美，还能够给人以高贵的品质，但也含有一丝丝冰冷(图4-34)。例如，位于英国伦敦的TAG范保罗机场，表皮由金属包裹而成，散发出金属的理性与华贵(图4-35)。

图4-32　伦敦的Thames Barrier洪水防控中心

图4-33　西班牙毕尔巴鄂古根海姆博物馆

图4-34　澳大利亚墨尔本[illegible]

图4-35　TAG范保罗私人商务机场

4.1.7 其他材料及其在建筑中的运用

建筑技术和建筑艺术随着时代的发展不断进步，每一个时期的建筑都有其自身的特色。随着现代材料技术的不断发展，不同领域出现了越来越多的新材料，其中一些被逐渐引进运用于建筑中，它们给建筑师带来更大的选择空间，除了从功能上改善建筑的品质外，它们也给人们越来越多的不同于传统材料的视觉、触觉体验。

4.1.7.1 透明材料、薄膜

(1) PMMA

PMMA (Polymethyl methacrylate) 是一种使用频繁的热塑性塑料，它的学名是聚甲基丙烯酸甲酯，俗称有机玻璃、亚克力。对于 PMMA 的开发研究距今已有百年的历史。

德国建筑师冈特贝尼斯 (Ganter Behnisch) 和结构工程师弗莱奥托 (Frei Otto) 设计的德国慕尼黑第 20 届奥运会体育场是一件充满创意的作品，经过 30 多年的实践检验证明了 PMMA 的优良性能 (图 4-36)。

(2) PC(聚碳酸酯) 板

聚碳酸酯 (Polycarbonate) 又称为阳光板、PC 耐力板。由于聚碳酸酯良好的透光性，其板材多用于建筑物采光顶棚、农业大棚、高速公路及城市高架路隔声墙、灯箱广告及室内隔断装饰等。

(3) ETFE 薄膜

ETFE 薄膜是由人工高强度的氟聚合物 (ETFE) 制作而成的一种透明膜材。其中文名是乙烯—四氟乙烯共聚物，它的厚度一般小于 0.20mm，并具有易清洗、高抗污等特点。ETFE 薄膜的经济实用、耐腐蚀等众多优点越来越多地被应用在了当今时代发展的现代建筑中。

自 20 世纪 90 年代以来，英国建筑师尼古拉斯 · 格林肖 (Nicholas Grimsshaw) 在伊甸园工程创新的应用了 ETFE 薄膜，从此打开了 ETFE 薄膜的实践篇章。

图4-36　德国慕尼黑第20届奥林匹克运动会体育场

图4-37　国家游泳中心——水立方

在 2008 年北京奥运会的国家体育主场馆“鸟巢”、国家游泳中心“水立方”等场馆中都采用了 ETFE 薄膜材料。其中“水立方”外形不规则的泡泡材料就是一个个 ETFE 薄膜。国外的抗老化试验证明，ETFE 薄膜使用寿命为 15~20 年，而且其耐腐蚀、易清洗、保温性能良好等优点保证了“水立方”的各性能能够得到充分的体现。

“水立方”外观分布着 3000 个大小不一的无规则气枕，迄今为止是世界上规模最大、结构系统最为复杂的一次尝试。即使薄膜出现破裂，8 小时内就可以将其进行修补或更换完善 (图 4-37)。

图4-38 英国伦敦千年穹顶

4.1.7.2 膜材及膜结构

膜结构是以高强度、高耐热性的柔性薄膜材料与各种结构支撑体系相结合形成的一种空间结构形式。它具有一定刚度，并能够承受一定外部荷载，是异于传统建筑结构的一种新型结构形式（图 4-38)。

4.2 建筑材料公共性的体现

不同的材料拥有不同的视觉特征、表达手法及表达内涵，今天的材料可谓争奇斗艳琳琅满目，但每一种材料都拥有自己独特的气质，

图4-39 联邦政府广场

设计师只有充分把握它们的特性，才能创造出富有个性、别具一格的建筑，材料也只有在这里才会熠熠生辉。

公共艺术的理念需要形式的表达，建筑作为一种视觉公共艺术，可以通过建筑的尺度、距离、立体轮廓、明暗、色泽、质地等来表现建筑。材料是建筑设计的载体，建筑设计是把计划、构思、设想、解决问题的方式利用实体的视觉形象传达出来。建筑形象的各个方面都与视觉具有密切的关系，作为建筑给人们第一印象的外立面来说，材料的视觉表达对建筑立面设计的作用也应该是至关重要的 (图 4-39)。

戈特弗里德·散帕尔 (Gottfried Semper) 说过："让材料为自己说

话，毫不掩饰地，以经验或知识中最适合它的形式和环境展示出来。让砖看上去像砖一样，木头就像是木头，铁就像是铁，每一种材料都是依照所赋予它的结构规律来表现的。”

罗伯特·文丘里在《建筑的复杂性和矛盾性》中说过：“在建筑中运用传统既有使用价值，也有表现艺术的价值。用非传统的方法运用传统，以不熟悉的方法组合熟悉的东西，他就在改变他们的环境，甚至搞老一套的东西也能取得新的效果。”

对材料的理解也不应仅仅局限于固有品质属性，对材料的再设计过程实际上会给设计师带来更多的回旋空间。赖特说过“对于具有创造力的艺术家来说，每一种材料都有它自己的喻义，有它自己的歌。”

日本建筑师安藤忠雄曾说：“我并不需要高价或稀罕的材料。因为任何一种材料只要正确运用就能够烁烁生辉，同时揭示出材料的真实特性。”他认为，建筑设计绝非简单地把某些材料以给定的、公认的意义投射到一个建筑物上。只有当建筑师构思出材料的本质特性时，才能去塑造，并提炼所需要的物质形态。思考得越深入，这种形态就表达得越纯粹，越能导致一个创造性的设计过程。也就是，一种设计概念，只有当其表达一种材料和空间形式的真实特性时，才是正确的。

建筑设计是多种材料的组合，不仅仅是单一材料的运用。建筑材料的选择应该从建筑材料特性、建筑性质、经济因素、使用部位及建筑师对不同材料的认知程度等方面分析对比后决定。设计中巧妙地选择材料、充分运用构造知识才能表达出建筑的气质，对材料和构造认识的“度”的把握，需要建筑师具有良好的、成熟的心态(图 4-40)。

事实上，建筑材料，不单单只有它置于建筑之中的物理性能(抗压、抗弯、抗拉强度等)，也不仅只有质感、触感、感知等关于心理状况的特征。在可持续发展的要求面前，“环境”成为材料的另一个重要因素，它独立于材料的物理性能与感知性能。

图4-40
北京市德胜尚城

第 5 章　建筑构件——小品式的公共艺术表达

建筑细部包括墙体、入口、顶部、楼梯通道以及其他一些装置、构件和设施等，这些细部的处理和表达为我们对艺术化空间的设计提供了很好的创作手法。建筑细部可以表达无尽的概念，它可以为空间注入诗意、美妙、张力与神奇。我们设计师可以结合这些建筑主要构件元素，从形、色、质、光的艺术角度，融入公共艺术所要表达的文化精神去创作和实践，这将为建筑设计和公共艺术创作实践提供广阔的思维空间。

5.1　表皮的艺术构建

《释名·释宫室》中记载："壁，辟也。辟御风寒也。墙，障也，所以自障蔽也。"辟，避的本字，避御风寒也，就是壁的功用。"壁"这个汉字，从辟（避）从土，壁者，以土筑的方式与手段来遮蔽风雨。墙，从土从啬，古人将墙、壁分别解说，实际上两者的功能是一致的，均是围护的障壁。结构上，墙与屋架、屋顶、门窗等相结合，围合出个人的安全空间，可见壁与墙的第一种基本功用在于围护，"障蔽"风寒，即保温、隔热、隔声、挡风、霜、雨、雪，隔断一切对人有威胁的自然力量（图 5-1）。①

从旧石器时代的穴居与巢居到后来发展的浅穴，墙和顶之间的界限是含糊不清的，随着建筑的不断发展，墙逐渐摆脱了和屋顶、穴壁之间的暧昧关系，从而成为一个独立的建筑构件，在功能上也定位为

① 经鑫．传统民居墙体营造技艺研究 [D]. 华中科技大学硕士学位论文，2010，1.

图5-1 苏格兰爱丁堡城堡

图5-2 密斯·凡·德·罗 范斯沃斯住宅

承重和围护。

从西方建筑史来看，墙的发展也是经历着墙和顶逐渐分离的过程。早期的西方人用树枝建造一些类似于帐篷一样的圆形临时性居所，直至真正意义上的建筑出现。由于东西方文化的差异，西方的墙体多为石材构筑，直到 19 世纪僵硬沉重的墙体才被大胆的抛弃，随之取代的是开放、流动、轻盈的墙体，这种变化给建筑带来与时代相符的理性意念 (图 5-2)。

图5-3　隈研吾　长城脚下的公社：竹屋

无论墙体造型与形态如何变化，墙体都是建筑实体中构成房屋形态的基本因素，也是构成建筑室内外空间环境的最直接措施，实现了空间的围合。可以想象，如果一个建筑物没有墙体，那它的建筑的属性会大大降低。当然，除了墙体的物质功能属性外，墙体还承担着精神功能的作用。墙体是人类身心的自我保护，是人类占有、梳理自然空间的手段；是建筑装饰的重要载体，也是建筑与装饰重要的链接元素，建筑的艺术性也很大程度上靠墙体来体现，通过墙体可以使建筑呈现不同的艺术特征，关注墙体的存在秩序可以充分发挥艺术家与建筑师的主观创造力，运用合理的建筑语言进行装饰，可以使墙体发挥在建筑中的语言功能；墙体还是人们判断建筑不同时期、不同风格的重要依据 (图 5-3)。

5.1.1 墙体与装饰

公共艺术的一个重要特征是其领域的公共性与开放性，而早期的公共艺术也主要是依靠建筑的外部空间，依托于建筑墙体，在建筑墙体上做“表面文章”，如壁画与浮雕等艺术形式 (图 5-4)。墙体是装饰的载体，各种装饰艺术依赖墙体的物质基础作为支持，同时墙体的材料也制约着装饰艺术的表现语言。比如中国传统的砖墙，与之匹配的必定是艺术形式丰富的各种砖雕，而砖雕的各种形式与内容反映了主人的审美情趣，也寄予主人美好的精神寄托。再如中世纪的教堂墙体的厚重体量，与之相对应的雕塑排列有序，各种圆雕与深浮雕人物动态稳定、肃穆，消解了墙体的厚重感，也强化建筑的宗教气氛 (图 5-5)。

由于功效与审美观念的改变，如今建筑的墙体更是向着多元化、公共化方面发展，墙体的装饰不仅仅是为了简单的装饰墙体，更多的建筑艺术家将墙体当作公共艺术进行创作，在创作的过程中除了要注重墙体与装饰形式关系，同时要注重墙体与外环境的关系，墙体与观赏者的关系等方面的因素。墙体也逐渐摆脱装饰的载体，通过改变自身的形态从幕后走到台前 (图 5-6)。

图5-4　11座

图5-5　巴黎圣母院立面

图5-6　上海世博会英国馆

5.1.2 墙体与公共艺术

墙体是建筑外观形式最为直观的表现语言。对于城市，建筑越来越多地体现出一种开放性和公共性，也越来越可能的来充当一座城市公共艺术来吸引游客，聚集人气。而墙体作为建筑必不可少的部分也不断发生着变革，不仅仅起着承重的作用，更多的是体现一种开放的姿态来迎合建筑或一座公共艺术所应有的个性和形式，同样可以为人们带来公共活动的艺术气息 (图 5-7)。[①]

墙体表皮的改革随着技术的发展表现得越来越明显了，从形式到技术构造等方面都发生了质的变化。比如墙体表皮从亮丽的光滑到精致的粗糙，从明确的界限到模糊的边缘，从实体到透明等等，随着时间的推移墙体表皮也可能体现出可调节可变化的多功能性。当今社会的多元化以及快速变化的信息时代特征都使当前的建筑墙体呈现出一种多样性与复杂性。当今，建筑墙体也已经完全从承重结构中解放出来了，更多的是一种精神的表达，信息的传递，艺术的载体等。使人们可以在满足物质功能的基本需求外，更体现了对精神文化、审美意识的重视。墙体的公共艺术化趋势使得艺术、建筑和墙体三者之间和谐统一，促进了艺术生活化、艺术层次化、艺术多元化 (图 5-8)。

北京奥林匹克公园内的中国石油展馆，其艺术化的平面构成加上生态无土草坪完美地诠释了“绿色奥运、科技奥运、人文奥运”的理念。苏州科技文化艺术中心的外墙面设计也是非常的抢人眼球，看似杂乱无章的铝板线条，纵横交错犹如一个用树枝搭成的鸟巢。设计中结合苏州园林的设计元素，运用富有独特质感的材质肌理形成了一处具有文化艺术氛围而又休闲、随性的科技文化艺术场所。西昌文化艺术中心的外墙设计同样也取得了较好的装饰效果 (图 5-9)。

① 封心宇，季翔，张金歌．现代城市公共艺术“建筑化”的思考 [J]．中外建筑，2009.6.

图5-7 丰富多彩的墙体表现形式

图5-8　多样化的表皮立面

图5-9　西昌文化艺术中心

图5-10　瑞士再保险公司大厦

瑞士再保险公司大厦以其高科技环保技术以及优雅外观而成为了未来的建筑典范。双层低反光玻璃表皮和六个三角形天井保证了整座建筑拥有充足日照的同时，具有良好的保温隔热措施。另外，建筑楼层的旋转型设计不仅防止了光线的直接照射，还能够为新鲜空间的利用提供了楼层空位，贯穿整座建筑（图 5-10）。

随着时代科技的进步，社会文化的丰富，建筑墙体的建构语汇、形态肌理和空间构成以及形态体验等有着密切的联系。建筑墙体的材料质感、空间组合以及光影效果等都可以给人们带来别样的空间感受和精神体验。通过对建筑墙体建构语汇表达的研究，试图找寻建筑与艺术之间更多的交融契机，这是现代公共艺术和建筑艺术和谐共生的体现，也是能够为公共艺术和建筑艺术创作设计的实践提供更多的设计模式。

5.2 入口的艺术构建

“如果说建筑是一本‘书’，那么人们无时无刻不在‘阅读建筑’，但人们对于建筑的阅读，绝大多数是‘无意识的阅读’。而‘无意识的阅读’是从脚下起步，从走进建筑开始。正如一本书的‘引言’，人们体会建筑，‘阅读’建筑需要从建筑的入口开始。”——顾孟潮《入口的故事》。

建筑入口是空间序列的焦点，也是空间拓展的初始部分。它有着多样化的空间形式，也是建筑与外界全面联系的唯一开口形式。很多人认为门是建筑入口的全部，而实际上，“入口”的含义要比门丰富得多，“入口”并不只是个摆设，它代表着一处场所，一个空间，一个位置。建筑入口是一栋建筑物或一处城市公共空间的基本组成部分。它是人们来往进出所必经的一个空间场所，可以有门也可以无门。它是一个封闭的室内空间也可以是开敞的室外空间，在满足人们的行为习惯和心理需求的同时，也可以为人们带来舒服的精神感受。建筑入口通常是人们体验建筑、阅读建筑的开始，也是给人们留下对该建筑的第一印象，入口空间的体验直接影响公众对建筑空间的印象，建筑的入口因其特殊的地位和表达功能也成为设计师刻意表现的重点。每一个建筑入口的空间形态也都是由许多视觉元素组合而成的，这些元素体现在空间的尺度、比例、材料、色彩以及空间的建构形式等等。

建筑的入口是城市和建筑的连接点和分界点，需要足够的过渡空间来进行不同功能空间的转变。西方建筑入口形态的发展从古埃及开始已有雏形，从漫天黄沙间的伟大金字塔，运用彰显皇权神圣性的有意远离主体的入口形式；到太阳神庙内纵深方向布置的司芬克斯大道、牌门楼、方尖碑、内院及柱厅的追求强烈序列感的入口空间，已经打开了建筑入口形态空间设计的篇章。到古希腊时期，建筑立面造型上已经开始运用三角形山花架在高大柱子上来表达建筑的入口，这种形式成了建筑入口模式的开端。随后的古罗马以拱券结合柱式来形成入口形态，罗马风时期运用当地建筑特征来演绎半圆形罗马式入口，构成了独立、完整的入口形态；再后来的哥特建筑中，通过层层叠叠的尖券夸大了建筑入口的尺度，来强调入口的标志性和导向性，而文艺复兴建筑和巴洛克建筑的入口形式开始与结构脱离，逐渐走向折中主义。

纵观历史上国外建筑入口形态模式，主要特点是入口的多样性表达，运用构件的组合形态和立面的层次关系来装饰和丰富作为过渡空间的门廊，视觉效果可嘉。中国古典建筑的入口形态比较简单，大多用建筑中间的一个或几个开间设置门，结合屋檐和围廊的过渡空间来形成最初的建筑入口形态。这一模式延续甚久，可以说是千年一律。“门堂之制”后，建筑逐渐发展为组群而非单体来作为一个单位，此时单体的门晋级为殿堂并列的建筑类型，成了组群以及庭院的入口。这也正是牌坊与陵门发展的雏形，他们在当代的建筑中占有举足轻重的地位，控制着庞大的建筑群落布置的韵律与节奏。

入口作为建筑自身空间序列的开始，既要满足建筑本身的功能需求和形态属性，又要考虑到与建筑其他要素的相互协调，符合其整体性与和谐美的表现。同时，建筑入口又是建筑本身与城市空间联系的重要枢纽，它涵盖了建筑内部到外部的一个大的环境，因此要服从于城市的总体结构、功能和形态。

随着社会经济的发展，建筑科学技术的进步，在集约化的建筑功能与扩大化的体量规模模糊了建筑空间与城市空间界限的背景下，建筑的入口空间作为建筑自身空间序列的开始，承载着丰富的内涵与职能，衔接并引导着内外空间的过渡，成了建筑物不可或缺的功能性要素之一。入口空间环境设计不仅可以丰富建筑本身的形态，还能够改善周边空间的环境条件，提升城市空间环境品质。

建筑入口随着建筑本身性质的不同，其设计也存在较大的区别。有些建筑需要高大的入口台阶或庄严的入口氛围，比如说行政办公建筑的入口，通常设置高大台阶、柱列等来增加入口的庄重和威严。也有一些建筑入口空间需要做的比较亲切、随和，不需要室内外高差，用简单的缓坡来解决问题。比如商业性质的建筑入口，更多的是考虑人们的心理及行为习惯需求，来创造活跃的商业入口空间氛围(图 5-11)。

对于功能和流线复杂的医疗建筑来说，其入口空间必将成为人流最集中、最密集的区域，同时又是病人的整个就医过程中最先接触的部分，是就医程序的开端，其合理的设计对整个医院的良好运转起着不可忽视的作用。因此随着医疗建设项目竞争的日益加剧，医疗建筑入口空间肩负着塑造医院良好形象的重任。

建筑入口的空间形态有着多方面的社会影响因素。一般主要由于建筑本身的性质及地域风格所决定的，还有当地的人文、自然环境，建筑入口空间属性等等(图 5-12)。唯有结合以上各方面影响因素进行潜心研究，方能创造出高品质高涵养的建筑入口空间。这种建筑入口不仅蕴含着多彩的时代特征和文化信息，还时刻传递着自身丰富的语汇、思想，唤起公众对建筑空间的审美体验和符号记忆。法国巴黎卢

图5-11 洛伊德保险公司大厦入口处理

浮宫前的金字塔入口，采取一种谦逊的态度极大地保护了原有建筑与环境，同时，金字塔这一传统造型以现代材料与工艺呈现在卢浮宫博物馆面前，蕴含了建筑历史与文化的含义。南京大屠杀纪念馆入口的简洁造型摒弃一切装饰，整体色调深沉凝重，入口踏步拾级而上，映入眼帘的黑色数字“300000”表明南京大屠杀中遇难的 30 万同胞，通过沉闷及狭小的入口空间使参观者心情压抑、沉闷，产生一种心灵的震撼，表达了人们对遇难同胞的沉痛悼念（图 5-12 ~图 5-16）。

SNS
C&A

图5-12　与建筑性质有关的创意入口

图5-13
瑞士再保险公司大厦入口

图5-14 上海新十钢创意产业区某艺术中心入口

图5-15 墨尔本大学入口

图5-16 南京大屠杀纪念馆入口

5.3 顶部的艺术构建

现代建筑的高度和密度是对城市发展进步的体现，建筑发展到如今已经不是简单的筑居活动，屋顶作为建筑的第五立面在建筑整体的表现中占有重要地位，从狭义角度来说，屋顶在满足建筑基本功能的同时，赋予了建筑新的生命力；从广义角度理解，屋顶是建筑的内在需要，代表城市文化的特殊文化和符号的屋顶构建则是对建筑整体形态的补充，对建筑屋顶进行艺术化的处理也具有一定的社会意义。

无论是对天国向往高耸的哥特式尖顶，体现人文主义文艺复兴时期的穹顶，还是中国传统式的大坡屋顶，这些都是建筑外轮廓线中的重要部分，视觉焦点之所在，都会扮演着表达丰富情感与地域文脉的重要角色。随着社会经济的高速发展，各国文化的摩擦碰撞以及建筑科学技术的突飞猛进，建筑屋顶形态也呈现了丰富的形式特征，建筑顶部在传统功能需求的基础上，融入了更多的对建筑精神和地域文化的诠释 (图 5-17)。

更有许多现代建筑顶部空间被开发设计成空中花园、公共绿地景观等，这也是建筑顶部公共性设计的一个体现。尤其对于高层建筑，顶部的形态更能成为一个城市空间中立面上的记忆符号和文化形象。另外，构成城市天际线的一个个建筑顶部空间形态通常也是影响区域景观质量的重要因素之一 (图 5-18)。

5.4 楼梯的艺术构建

楼梯是建筑内部楼层间的垂直交通枢纽，是多层建筑的重要组成部分，楼梯在满足建筑基本需求的同时可以根据建筑的性质设计出多种形式的楼梯。

图5-17　建筑顶部的各种形态表达

图5-18　摩天楼的顶部形态表达

楼梯作为连接不同水平面的交通渠道在建筑设计中占有重要地位，它不仅具有竖向联系的交通功能，同时作为构形元素亦以其独特的形态为建筑空间造型添光加彩。楼梯的艺术作用不只是局限在本身的美观和谐，它更多地反映在对空间的利用和分割上，巧妙地与空间环境搭配，通过自身形态改变空间体验。

科技的不断进步使公众的生活变得更加的丰富多彩，多种动力的推动促使建筑空间的设计上升到了一个新高度，楼梯作为建筑内部空间的组成元素之一也得到了充分的发展。随着技术的逐步提高，新的建筑材料，新的施工工艺对楼梯的发展均起到了很大的推动作用。建筑师在强调楼梯艺术形式的同时引入了人体工程学的设计机制，结合公众心理学、行为学等学科内容，兼顾楼梯的功能与形式，设计出了大量的优秀作品。

楼梯是建筑空间中非常活跃的一个元素，国内很多公共建筑以及高档的居住建筑将楼梯作为建筑形态不可分割的一部分进行设计，楼梯的艺术发展形式也逐渐从角落走到了台前 (图 5-19)。

楼梯作为空间和形式上的一种连接或转折的延伸，我们可以综合楼梯的形态、色彩、材质和光影关系进行设计，带给人们不同的空间转换体验，造型独特的楼梯甚至能成为空间环境中的主题，强化公众对空间公共艺术的审美体验 (图 5-20)。

5.5 其他形式的艺术构建

“建筑化”的公共艺术就是要求建筑的内外公共空间以一种艺术化的形态显现给公众，所以我们设计师就应该充分利用建筑空间中一切可以利用的元素，积极主动的结合各种艺术表现形式进行创意设计，并把地域人文精神融入艺术化的建筑空间之中，为城市公共艺术创造更多的机遇和空间。

图5-19　室外楼梯的艺术形态表达

Society
5
5

图5-20　楼梯的各种艺术形态表达

例如让·皮埃尔·莱纳德在日本某广场上设计的一个作品《开放的咖啡杯》，实际就是对一个通风塔进行了雕塑化，其放大的尺度和醒目的色彩，带给来往的公众强烈的视觉感受和审美体验。斯图加特国家美术馆的通风设施也通过硕大的造型和鲜艳色彩的艺术化处理，从而给空间增添了趣味感，丰富了公众的空间感受(图5-21)。隆加伯格公司企业总部形象展现出了自己的产品形象(图5-22)。

图5-21　艺术化的通风塔

图5-22　隆加伯格公司总部大楼

图5-23 表情各异的挡板（澳大利亚国家博物馆）

澳大利亚国家博物馆中的一排挡板护栏，错落有致，高低起伏，色彩各异，富有很强的韵律和节奏，通过形态和色彩的设计处理，钢铁材质的挡板护栏增添了一种人性化的表情，拉近了和公众的距离，增加了建筑空间的亲和力和趣味性，使普通的建筑安全设施巧妙地设计成了一个趣味性的公共艺术（图 5-23)。

柏林犹太人大屠杀纪念馆的外表装饰锌板，窗户犹如被刀斧砍过的一番，整个立面支离破碎，象征性再现了历史上罕见的种族绝灭的大屠杀，令参观者有一种刻骨铭心的感受(图5-24)。纪念馆内还有一个叫做“落叶”(Fallen Leaves)的地方，地上铺满的是一万张铸铁做的人脸，每一张脸都有一幅惊恐的表情，大张着嘴好像在痛苦地呼喊，所有参观的人们都沉默不语，唯一能听到的声音是有人在这些“落叶”上走动，发出的金属碰撞的尖厉的声音。那刺耳的声音被旁边的墙反射加强，给人一种非常的心理感受(图5-25)。

图5-24　柏林犹太人大屠杀纪念馆外立面

图5-25　柏林犹太人大屠杀纪念馆

第 6 章 “建筑化”公共艺术的价值意义和关联性

6.1 “建筑化”的城市公共艺术的价值意义

6.1.1 城市印象和文化标识

随着社会的快速发展和人类文化的不断进步，城市作为载体直接体现了经济提升所带来的巨大变化，受当前经济的全球化影响，城市内部空间结构在调整的同时还在承受空间重置互换带来的巨大压力。

建筑群体作为城市中的主要组成元素，其本身担负着展示城市精神的历史使命，游客初到一个陌生的城市，火车站、汽车站以及飞机场是游客最先认识城市的窗口，交通枢纽的建筑形态、中心广场的景观雕塑都是游客获取信息的重要途径（图 6-1、图 6-2)。

图6-1　北京市火车站

图6-2　青岛市五四广场

图6-3
伊斯坦布尔　香料市场与码头

道路、区域、节点以及标志物构成了城市景象，千篇一律的城市元素只会造就千篇一律的城市轮廓，城市文化与公共艺术是打破这种永恒的唯一方式（图 6-3)，城市的公共艺术逐渐成为城市内部的一道风景线，建筑与公共艺术的结合由来已久，国际上很多设计师都进行了积极的尝试，有很多作品已经成为一种标识，在带来视觉冲击力的同时给受众留下了深刻的印象，这种印象犹如我们在平常的聊天中谈到某条道路时，也许你先前记得的是这条道路上的某家商店，但是当一个极富公共艺术的建筑表皮展现在大家面前时，公众也许会毫不犹豫地说出这栋建筑的名字。位于上海的金贸大厦就是一个显著的实例（图 6-4)，这也就是我们对该条道路最直观的印象，从这个层面延伸到城市，结果是不尽相同的，它已经代表了一座城市，我们在用对一栋建筑的印象领悟一座城市的精神内涵。

图6-4　上海市金茂大厦

城市多层次的居民构成了城市的生存主体，专业知识、学历背景是居民对公共艺术解读的最大障碍，在通俗的基础上被居民理解认知显得尤为重要，“易读性”是进行“建筑化”公共艺术设计的首要要求，公共艺术设计不是设计师个人情感的产物，被理解为城市印象的城市公共艺术应当能够完全地融入城市历史文脉中。

城市公共艺术的“建筑化”趋势越来越明显，当代中国，受制度、社会、经济方面的影响，城市化进程发展迅猛，在推动社会发展的同时，城市居民对文化的需求也在进一步的提高，美国于20世纪60年代兴起公共艺术，其后在全球盛行并延伸到景观、建筑和城市当中。在国外，城市内部的街道和建筑通过强烈的秩序感加强对整个城市的统治，这种由建筑群体散发出来的秩序节奏同样也是城市公共艺术的体现（图6-5）。

爱默生曾说城市是靠记忆而存在的，这种记忆一方面是历史文化的传承，另一方面则是城市精神的体现，历史文化可以寻找相关的文字记录，但城市精神却是对城市意象的概括，它可以细微到对城市内部元素的形式理解，也可以宏观到城市居民的精神文化，城市本身就

图6-5　墨尔本战争展览馆

是一个平台供聚集的市民探讨交流，城市同时还是文化发生的场所，公共艺术的建筑趋向将原来可能是开敞的空间围合了，通过特定的场所来叙述公共艺术的始末。围合空间在提高居民私密性的同时将建筑与公共艺术进行了有效的结合，富有视觉冲击力和文化特征的建筑公共艺术将城市的可认知力提升到了一个新台阶。

当代的城市发展相较于改革开放时期已取得了巨大成就，建筑形式给城市公共艺术也带来了一定影响，生活在城市内部的公众在体验新的生活空间的同时，对相应的公共艺术也有了新的要求，在这种特殊背景下，设计师不能盲目地追求外形怪诞的艺术形式，不分文化背景的照搬其他城市的公共艺术，任何城市都有其特殊的历史文化，地方文化较好地反映于公共艺术当中才是城市历史文脉的体现。

城市作为某一地区的政治、经济和文化中心，同时也是社会主体工作居住的场所，将自由女神像和纽约并列在一起的时代已经一去不复返，悉尼歌剧院因其夸张的建筑形态艺术毫无疑问的成了悉尼城市的名片，中国银行也曾一度代表香港成为对外展示的窗口（图 6-6)。

无论是城市内部居民还是初来乍到的陌生游客，城市最先展现的

图6-6　香港中国银行

只是外部形态，深层次的文化内涵需要进一步的体验和感受，城市发展的任一阶段都会有特定的文化形态与之相适应。“建筑化”的公告艺术是城市公共艺术的升华，景观雕塑，街头小品作为公共艺术的概念意识逐渐被淡化，城市的整体性正在被不断地提及，公共艺术也由原先的一元向当今社会的多元发展，受外来价值观念的影响，城市公共艺术的观念被上升到了一个新高度，优秀的城市公共艺术可以反映城市文化，正如前文所说，甚至可以成为一个城市的标志。

城市的快速发展促进了建筑公共艺术的发展，城市居民物质文化水平提高的同时，精神文化的需求也变得越来越高，在城市当中，建筑如同雨后春笋拔地而起，习惯了在钢筋混凝土中穿梭的人们忽然对建筑提出了更高的要求，而这种要求最先则是由形态开始，设计师从城市文化着手，开始分析在满足功能的前提下对形式进行了一系列的创新和改变，利用这种方式拉近建筑与公众的距离，最重要的一点则是说明这样的建筑只能矗立在特定的城市中，因为它已打上了地方文化的烙印，真正优秀的设计将会很快被城市公众接受，并逐渐成为地方的标志性构架。

6.1.2 城市公共艺术化空间的塑造

目前，城市化的不断进步为城市本身带来了更多的机遇，城市内部各个组成元素的发展同样达到了进一步的繁荣，在这股建设大潮中，如何与自然和谐共生成为各方研究的首要问题，公众在回归理性之后的思维之路需要拓展的更为宽泛(图 6-7、图 6-8)。正如英国伦敦由码头仓库改建而成的住宅，其中废弃塔吊作为城市的公共艺术，唤起人们对往日繁荣的回忆(图 6-9)。

现代城市公共艺术空间突破了概念和形制的束缚，公共艺术由早期的街头艺术作品、雕塑等扩展到现在的整个城市，公共艺术发展到现在已经变的可移动、可固定，但凡掺入了设计手法的开放的、可供

图6-7 英国伦敦驳船提升机

图6-8 纽卡斯尔千年桥

图6-9　英国伦敦的码头仓库改建而成的住宅

图6-10 韩国某公司入口处的公共艺术

人交流的环境、建筑都是城市公共艺术空间，公共艺术犹如一个媒介在不断淡化城市冷漠的同时，对自身空间文化的关注度逐渐增强，城市公共空间不仅和它周围的物质环境有关，同时和地方的人文环境也有关系，公众的社会背景，文化观念的差异对公共空间的促进形成作用也有一定的影响。

城市和艺术应是并列的关系，当代的公共艺术在形态和内涵方面均发生了巨大变化，设计师通过形式多样的地面铺装、造型简洁的构架以及造型新颖的艺术装置来定义城市公共艺术空间，聚集的公众可以将城市中的任意一块场地定义为公共空间。我们不可否认，一定尺度的场地，人群，这是构成城市公共艺术的基本元素，人群是感知公共艺术空间的主体，公共艺术空间在点缀城市文化的同时，还在改善城市的生活品质(图 6-10)。

设计师的工艺制作水平与创意理念随着社会的不断进步而进步，设计师的创意理念可以通过一定的科技水平实现，公共艺术空间的发展逐渐由建筑外部向建筑内部的环境过渡，建筑师扎哈•哈迪德通过组合的线条向世人展示建筑形态的魅力(图 6-11)。

图6-11　广州歌剧院

城市的天际线主要由建筑组成，但建筑只是城市公共艺术空间的一部分（图 6-12、图 6-13）。城市设计和区域规划构成了整个城市的公共空间，从这个层面上解释城市与自然的关系，城市与文化的关系以及城市与居民的关系一切将会变的易于解读，公共空间的艺术内涵是城市设计的重要内容之一，特定的文化赋予了空间特定的内涵，设计师在进行具体创作的同时必须明确将要进行设计的场地曾经发生过什么，现在正在经历什么，现有的文化将来怎么传承等一系列问题。城市公共空间的艺术性与地方的物质文化环境紧密相连。只有综合考虑空间的文化特性之后，城市的公共艺术才会得到完善的体现，在这个基础上才会被城市公众认同并接受，最主要的原因是他们在这里寻找到了归属感，公众愿意在这样的空间里交流和分享城市历史文化的信息。

图6-12　芝加哥城市天际线

图6-13　多伦多城市天际线

城市公共空间的塑造应包括艺术性和文化性两方面的内容，艺术性主要指在有限的场地内通过现代化的科技手段创造出带来视觉享受的作品，在公共空间中趣味性显得尤为重要，文化性则是自始至终都穿插在公共空间的设计过程中。文化不同于设计，它不可复制，只能通过描述、记录的方式来展示，它需要公共空间作为载体来传播（图6-14、图6-15）。

图6-14　记录文化的浅浮雕艺术

图6-15
南昌八一广场主题军史浮雕

城市公共空间需要公众的感受，设计师根据实际情况会对空间进行体验，以此来完善空间在设计中的不足，当代的经济、文化丰富了公共空间的艺术性，历史文化、时代精神更是拓展了空间设计的视野。建筑化的公共艺术在汲取室外空间设计营养的同时，在结合地域文化的基础上加强室内空间构架的“公共性”以及“艺术性”的研究，多元化的价值观念使公众对公共空间的认识也不相同，受国外美学思想的冲击，公众对空间艺术形式的褒贬不一，“艺术性”忽然之间没有了标准答案，因此，公众对空间的感受也就变的多元化。

城市公共空间有两层含义：一方面是指原始空间，另一方面是艺术空间。塑造空间的方式主要有分割、穿插以及围合等多种手段，通过将空间内部元素重新组合排列，引入艺术化设计方法，可以较好地塑造空间的艺术氛围，而这也就是上文一直强调的需要公众感受的场所。优秀的公共空间可以让人感动到哭泣，正是因为设计师抓住了空间的灵魂，也就是空间的文化内涵和场所精神。

6.2 “建筑化”的城市公共艺术的特征关联性

6.2.1 建筑空间的公众参与互动

建筑同所有的个体相同，均具有社会性。建筑的社会性主要体现在提高居民生存所需的物质和精神空间，不同类型的建筑带来的感受亦不相同，中山陵作为纪念性建筑通过对入口台阶的处理让来此参观的游客在进入的过程中就开始思考（图 6-16、图 6-17），同时突出空间的扩张性，以此达到设计师对空间的把握能力。

人民大会堂作为政府建筑，通过 25m 高的浅灰色大理石门柱象征国家权力的至高无上（图 6-18），建筑内部的空间概念同样如此。

图6-16 南京市中山陵

图6-17 大连建市百年城雕

图6-18　人民大会堂外景

建筑是确定空间的前提，而场所的精神贯穿于整个建筑当中，空间界定的方式就是围合，建筑和空间均需通过文化诠释。空间场所是城市文化的一种形态，在远古时期的中国，聚集的传统村落会围绕某个中心建造房屋；在欧美国家，至少可以追溯到文艺复习时期，受文化、社会和观念影响，对空间文化的崇尚甚至达到了疯狂的地步。建筑空间的文化特征、品质和内涵都直接反映了建筑文化和城市文明，建筑的内部空间相较于城市公共艺术在公众参与方面仍有较大差距。室外空间能够直接体现居民的设计意愿和需求，广场、公园对于生活在城市中的公众而言是他们意志的直观反映。建筑空间将场所的范围限定在了室内，这也导致设计师的思维受到一定的限制，公众的参与性少了，建筑师和规划师无法捕捉公众的需求信息，这也直接导致设计出的空间缺乏“人”性，这也是我们一直强调的“公民”性（图 6-19、图 6-20）。

建筑空间和城市公共空间相同，都是公众交流的场所，公共性的空间应将公众的需求放在首要位置，国内很多城市都在兴建的美术馆、剧院等民生工程逐渐成为代表领导的工作政绩，超大的建筑尺度，夸张的外形，金碧辉煌的室内让此类建筑朝着千篇一律的方向发展，设计师对形态、材料的追求已经盖过来自城市最底层的声音，建筑的空间和形态和公共性的距离被进一步拉大。

图6-19 赌场室内空间

图6-20 教堂和青年中心室内空间

能够体现建筑空间公共性最好的方式就是让公众参与到实际的设计当中，通过实地的体验之后向设计师传递需求的信息，城市的文化和深层次的内涵需要设计师挖掘作为设计时的参照。目前，荷兰已经将公众参与规划的法案在法律制度里做了确定，这种方法在实际的项目中证明是正确的。国内的重庆和青岛走在了改革的前列，这两座城市出台了《公众参与城市规划管理试行办法》，法则强调：公共建筑、广场等项目的方案研讨会将由政府安排一定的公众参与，同时，将公众提出的意见作为项目申报审批的备案条款之一，通过这种方式加强城市建筑空间的公共性。

设计师在创作时需要善于发现城市之美，收集城市记忆的碎片，重新组合城市的内部元素，将公众对于城市的理解在作品中体现出来（图 6-21）。美国著名的城市学家凯文·林奇对城市内部空间做过深入细致的分析研究，他认为公共空间是任何人都能够自由穿行的场所，这和土地所有权以及土地尺度大小都没有关系，凯文·林奇强调，开

图 6-21　湖南长沙步行街“百年长沙”系列雕塑

放的空间应该就是开放性、社会性以及公共性，由此可见，套用建筑空间的场所精神，城市公共艺术的社会性也同样重要。

建筑空间的围合和划分需要将公众的需求放在首位，设计师作为空间划分的主导者需要分析和归纳，并能通过有效的设计手段在满足公众需求的前提下突出空间的文化性，空间和人群两者缺一不可。社会主体作为具备高级感知的个体需要置身于建筑空间中，通过体验的方式解读空间，感受文化，因此，公众主体的参与性相当重要，公众是建筑空间的直接受众，正如前文分析，设计具体项目时需要将公众的意见纳入到设计师的创作理念中，通过这种方式让设计师的空间能够较好地体现出公民意志。公众需要从城市文化的视角出发，针对特定空间的文化，城市居民在生活、活动和工作方面的需求，同时，各年龄层次的不同会导致居民活动的差异，如何平衡各方的利益关系也是公众和设计师需要综合考虑的。

日本岐阜县可儿市文化中心就是公众参与实践的一个实例，可儿市市民作为文化中的使用者能够深切地感受到他们需要什么，城市居民积极地探讨社区未来的发展方向，他们向政府部门提出文化中的概念设想，同时，和建筑师积极地开展交流活动，在遵从设计规范的前提下最大限度地体现出公众的实际需要，只有将公众的意志始终考虑到实际的设计过程中才能做出真正意义上的公共建筑。

建筑空间不是建筑师利用一些简单的草图就可以拼凑出来的，只有通过特殊的材料修饰空间，并将体现城市居民文化品质和审美情趣作为终极目标。在建筑空间中，建筑师需要和公民交流对话，以此增强建筑空间的公共性。

6.2.2 建筑空间和场所的特定性

场所不是抽象的名词，它由丰富的材料、绚丽多变的色彩以及一定的形态构成，这也是对环境最基本的描述，场所的不同也就决定了环境的差异性，于建筑而言，场所的特定性更是表现的淋漓尽致（图 6-22、图 6-23）。

建筑经过专业的设计，为城市公众提供了可活动的空间，从建筑延伸至城市，从城市到区域，从区域到自然，体现的都是场所的特定性，人生活在自然环境中，自然环境为人群提供了适宜的生长空间，丰富的外部环境构成了自然的特征，但自然提供的空间并不是没有限制的，只是约束每个群体的空间尺度不同，生活在自然这个大空间中的个体均有区别于其他群体的个性。

空间是对场所的概括，也是组成场所的重要因素之一，空间的“特定性”主要指的是场所营造的“氛围”，它是场所精神的代名词。日本著名的建筑师安藤忠雄在设计水之教堂时，用自然环境作为十字架的背景，入口处的玻璃衬托着蓝天，潺潺的水流声，鸟儿于树林中的鸣唱都成为了空间氛围的补充和延续，呈现于教徒面前的水池清澈见底，

图6-22　无锡灵山梵宫

图6-23　法兰克福Dornbusch教堂空间

十字架在分割大地和天空的同时，也将世俗和神灵分了开来，季节对空间的影响同样很大，透过玻璃，四个季节，四种背景也象征着新旧更替，逝去的即已经结束，由此可见。特定的外部条件和环境也是形成空间特性的影响因素。在水之教堂的设计中，这种独特性赋予了空间的外在氛围，处在建筑内部的人会接收到空间传递的信息，对建筑空间的认同感与存在感将会是个体的直观感受，同时，场所的精神也和人类的意识形态同样有关联 (图 6-24)。

越战纪念碑靠近华盛顿纪念碑和林肯纪念堂，上面镌刻着 1959 年至 1975 年在越南战争中阵亡的 57000 多名士兵的名字，几乎所有的美国人都为此付出了代价，和同时期的美国人民的情感相比，在越战纪念碑前，任何一个国家人民的感触都无法与之相提并论。这就是特殊空间对人情感的影响作用。

空间的本质就是为人发生行为提供场所，舒适的空间可以增加自发性活动的频率，因此，好的空间场所不仅能够满足游客的行为需求，甚至有可能满足其精神方面的需求，现代旅游业的繁荣充分证明“体

图6-24　水之教堂

图6-25 色彩丰富的The Lowry 艺术中心

验”仍是人类主要的探知活动之一，建筑空间作为一定尺度围合的场所更需要被认同的感知，建筑空间设计的优劣和体验者的心理感受紧密相联，“方向”在建筑空间中的引导定位作用越来越明显，城市文化作为城市意象的组成元素已经定位了城市的系统和脉络，因此，它对建筑空间环境的认同相当重要。诺伯舒兹在他的著作《场所精神》中强调：尽管“方向”和“认同”是整体的概念，但在固定的整体中它们又有某种独立性。有时候“体验”也许只是一种感觉，真正意义上的“归属”还需要将“体验”和“认知”结合在一起。诺舒伯兹将建筑空间分为：“浪漫式”、“宇宙式”、“古典式”三个范畴，他认为具体的环境能够被认知的重要原因是多种因素结合而成的场所精神，有的场所受强烈的自然力量影响，有的则趋向于某种秩序，尽管这种感觉很抽象，但其围合的空间精神很具象（图 6-25）。

场所精神是建筑内部空间的灵魂，它是表达建筑文化的现代语汇，这也是对特定场所历史文脉的延伸。建筑始终都是为人服务的，因此，建筑的空间设计应当以人为本，注重人的体验过程。

现代城市公共艺术在城市化过程中扮演的角色越来越重要，建筑空间作为其中的一部分有着举足轻重的作用，不同类型的建筑就其空间设计而言，给公众带来的感受也各不相同。建筑空间的内涵是城市文化的重要语言，限定的空间场所受地方的人文环境、社会环境影响，不同历史文化下营造的空间氛围的差异也较大，每一个空间区域都有其文化特殊性。

从改革开放到90年代，作为站在“公共艺术”前沿的设计师和艺术评论家，在进行公共艺术创作的同时逐渐将空间艺术与公众的关系、建筑空间的发展趋势、公众的价值取向作为研究的侧重点，通过系统的分析和研究，对国内公共空间的文化发展具有一定的现实意义。文化是记忆的载体，也是空间场所的客观反映，随着居住在城市中心的主体精神文化水平的提高，视觉冲击力已经不能够满足受众的文化需求，场所之间逐渐趋向统一，如何将限定的场所用文化描述出来，成为当前迫切需要解决的问题。

进入到21世纪以来，城市转型、经济结构重置逐渐成为城市生活主体的关键词，科学技术的发展让冲破教条形式束缚的公共艺术获得了新生，建筑的空间划分作为公共艺术的一部分将如何适应人性化、诗意化的生存需求变得越来越重要，设计手法的多样性衍生了更多的空间设计，同以往相比，建筑空间的内部需要面对更多的公众。设计师需要通过公共艺术赋予建筑空间的特定语意，以此来讲述城市文化的发展脉络，阐释人类生存意义和城市文化的关联性。现代社会的公共艺术已经不再为少数人服务，同时，公共艺术也迈出了传统概念的界限，这对空间场所的设计产生了深远的影响。自然环境与城市、建筑和空间关系密切，无论是郊外的独栋别墅还是城市内部的高层住宅，以自然环境为背景的体量和建筑立面所表现出来的空间关系丰富多样(图6-26)。

图6-26 飞鸟私人别墅

6.2.3 地域文化和时代性的统一

从 20 世纪末期改革开放以来，科技水平的进步渗透到社会的各个阶层，各行各业都得到了前所未有的发展契机，社会在大踏步前进的同时，城市公共艺术同样迎来了属于自己的春天。随着经济的持续发展，城市公共艺术作为城市街头的文化风景已经成为公众的物质和精神需要。

城市公共艺术是城市进步的产物，只有发展到一定程度的城市才会出现城市公共艺术，不同历史时期以及艺术风格对城市公共艺术的影响较大，城市公共艺术是对社会文化、经济发展、政治形态、技术水平等直观地反映，因此，时代和文化是建造城市公共艺术不可或缺的精神内涵，时代对于公共艺术而言犹如一盏明灯，它指明了城市艺术的发展方向，文化是城市进步的一卷史书，城市公共艺术需要将时代和文化紧密联系。

“建筑化”的城市公共艺术是时代和文化的产物，同时也是多种艺术风格影响下对公共艺术探讨研究的一种新模式，公共艺术从居所出发，到街头文化景观、雕塑的出现，现在已经延伸到建筑的层面，最后扩展到整个城市，这如同是一个城市的艺术发展史，在公共艺术的推进过程中我们不难发现，越来越多的城市公共艺术背离了时代赋予的特性，同时，和城市文化的结合渐行渐远，“新”、“奇”、“特”等逐渐成为设计的代名词。时代、文化同光鲜、华丽的建筑造型相比较后似乎变得相形见绌，越来越多的设计师逐渐把精力放在虚无缥缈的形态构造上而忽视对城市地域文化的挖掘深入。

人类在经历过工业社会以后，已经将对科技进步的追求转向对环境的需求，可持续的文化景观凸显的地位逐渐提高，公众对于自身的价值和生活环境有了新的认识。城市公共艺术将契合人类聚居的生活方式作为自己的首要目标，这也是社会进步的动力，以人为本的原则重新被重视，并作为进行城市公共艺术创作的先决要求。带有“建筑化”趋向的城市公共艺术不同于以往的城市街头景观，在满足观赏的同时，还要兼顾公众的参与使用，这也是现代城市公共艺术的设计行为特征之一，如何调动大众参与的积极性显得尤为重要，最有效的方法就是在创作过程中紧密联系生活在城市中各个层次的人群，将时代作为创作背景，文化作为创作素材，公众需求作为创作内容，使城市中的生存主体可以从多角度来发现城市公共艺术的文化内涵，并能够直接参与到具体活动，通过这种方式将城市公共艺术关联到每个个体。

这是一个科技进步的时代，处于特殊时代背景下的城市公共艺术各不相同，但公共艺术的最终目的均是相同的——装点城市的同时，追求人性和情感的回归。当代的城市公共艺术受国外的艺术流派影响，设计形式多样，建筑形态的发展已经夸张到了让人瞠目结舌的地步，传统的历史文化和现代的设计思想似乎格格不入。当代的公共艺术不管是“建筑化”的也好,城市街头的也罢,这都应当是城市文化的体现，同时也是人类文化和社会进步的象征，城市在不断地进步，整个社会的价值观念也会随之改变，城市文化和时代背景的结合就城市公共艺术的层面而言相当重要。延续历史，尊重自然并不是一味地亘古不变，只有在坚持传承文脉的基础上实现技术，形式上的创新才是对地域文化和时代的认同。

从 20 世纪 80 年代开始，城市与城市之间的距离拉近，不同国度之间的信息传递通过现代手段变得越来越便捷，公共艺术的形态、内涵与时代的交融性也越来越密切，公共艺术的发展进入了一个全新的时期，这主要体现在两个方面：一方面，以公共艺术外延为主，公共艺术同外部环境以及社会的认同关系需要不断地调整；另一方面，公共艺术的自身也需要不断重新定位。

“建筑化”的公共艺术在很多城市都有过实践，能够将文化和时代两者做到统一的却不多，大多城市的天际线均为钢筋混凝土浇灌而成，成群的“盒子”堆积在一起，毫无美感可言，从这个层面上来说，政府等行政部门需要加大对项目的审批力度，在同意之前应当组织学

图6-27　无锡尚德太阳能电力有限公司建筑内部

者、专家、市民一同探讨，通过这种方式完善城市公共艺术。城市公共艺术在中国的发展时间并不长，和国外成熟的发展体系相比较，国内的整个体系还处于一个起步阶段，造成这种现象的原因比较多，最为主要的原因是国内机制模糊，街道和街道之间各自为政、互不交流，缺少统一的规划和政策的持久性约束。

6.2.4　艺术形式多元化与系统性

形式和功能的问题由来已久，国外建筑流派通过各自建筑作品表明自身的立场，早在20世纪初，英国美学家克莱夫·贝尔(1881~1966)最先提出了他对艺术的定义："有意味的形式"，这对当时已经习惯循规蹈矩的保守派们无疑是当头一棒。在提倡艺术形式的同时如何组织空间的内部线条和协调色彩之间的关系是实现"有意味的形式"最根本的要点。艺术形式的多元化促成了许多优秀艺术作品的诞生。系统性在进行艺术创作的过程中占据着重要的位置，怎样调和艺术形式的多元化和系统性的关系成为设计的首要问题(图6-27)。

形式和空间是"建筑化"公共艺术的表象特征，不同的艺术形式之间可以互补，"建筑化"的公共艺术需要将"创造"作为根本，多元化的艺术形式和系统性的统一不应当是艺术形式发展的制约因素，对艺术形式的要求是公众审美经验积累的提高，城市公共艺术的空间是建筑创作中的主体表现对象，因此，形式和空间对建筑的影响重大。空间不仅仅是公众游览聚集的场所，同时也是建筑师设计思想的概念体现，空间具有抽象的概念，但是经过墙体、铺装和色彩围合后形成了具象的场所。系统性作为一个整体构架而言，由太多细微的局部组成，墙体色彩的改变都会带来系统的差异。环境也是系统的一部分，进入到21世纪以来，大众对待环境的要求越来越高，全球的环境意识上升到前所未有的高度。“建筑化”的城市公共艺术同样需要和环境同生共存，艺术形式的多样性并不意味着创作的天马行空，环境等一系列的因素也是需要注重的系统局部。美国著名的建筑师弗兰克·劳埃德·赖特的作品流水别墅就是一个极好的实例，流水别墅的内部空间组合多变，每一个楼层因地势高差而成，建筑外观层次丰富，完全的和环境融为一体，这就是艺术形式和系统性的有效统一（图6-28）。

“建筑化”趋向的公共艺术决定了相应的艺术形式，同时，艺术形式也是对“建筑化”内容的反映，在进行城市公共艺术创作的过程中，艺术形式的表现具有不同寻常的意义，系统作为局部的纲领性框架与艺术形式多元化的问题关键要取决于设计师的控制能力，优秀的公共艺术作品功能和形式是融为一体的，技术和思想的不断进步，促成了多种艺术形式的产生，无论是何种艺术形式，均需要依赖其他的物质载体来实现其感性化的内涵（图6-29）。

“建筑化”的城市公共艺术不可能一蹴而就，设计师作为建筑艺术的创作主体需要具备一定的文化修养和专业知识。梁思成先生曾经说过：“建筑师的知识要广博，要有哲学家的头脑，社会学家的眼光，工程师的精确与实践，心理学家的敏感，文学家的洞察力，但最本质的应当是一个有文化修养的综合艺术家。”建筑师作为“建筑化”城市公共艺术的践行者任重道远。

设计师在面对艺术形式多元化和系统性问题上需要良好的艺术修养，同时需要发挥个人的发散思维，力争在协调二者关系的前提下设计出满足大众物质和精神双重文化需求的公共艺术。

图6-28　流水别墅

图6-29　中国普天信息产业上海工业园总部科研楼

图片索引

第 1 章　“建筑化”的城市公共艺术阐释

第 2 章　建筑形态——公共艺术的精神语言

第 3 章　建筑色彩——公共艺术的情感语言

第 4 章　建筑材料——公共艺术的语言基础

第 5 章　建筑构件——小品式的公共艺术表达

第 6 章　“建筑化”公共艺术的价值意义和关联性

参考文献

普通图书

[1] 翁剑青 . 城市公共艺术:一种与公众社会互动的艺术及其文化的阐释 [M]. 南京 : 东南大学出版社，2004.

[2] 翁剑青 . 公共艺术的观念与取向 [M]. 北京 : 北京大学出版社，2002.

[3] 马钦忠 . 公共艺术基本理论 [M]. 天津 : 天津大学出版社，2008.

[4] 王受之 . 世界现代建筑史 [M]. 北京 : 中国建筑工业出版社，2007.

[5] 过伟敏，史明 . 城市景观形象的视觉设计 [M]. 南京 : 东南大学出版社，2005.

[6] 焦燕 . 建筑外观色彩的表现与设计 [M]. 北京 : 机械工业出版社，2003.

[7] 诸葛雨阳 . 公共艺术设计 [M]. 北京 : 中国电力出版社，2007.

[8] 崔唯 . 城市环境色彩规划与设计 [M]. 北京 : 中国建筑工业出版社，2006.

[9] 严坤 . 普利策建筑奖获得者专辑 (1979-2004)[M]. 北京 : 中国电力出版社，2005.

[10] 王发堂 . 建筑审美学 [M]. 南京 : 东南大学出版社，2009.

[11] 吴焕加，刘先觉 . 现代主义建筑 20 讲 [M]. 上海 : 上海社会科学院出版社，2006.

[12] 王洪义 . 公共艺术概论 [M]. 北京 : 中国美术学院出版社，2007.

[13] 赵巍岩 . 当代建筑美学意义 [M] . 南京 : 东南大学出版社，2001.

[14] 周卫平 . 现代装饰艺术 [M]. 哈尔滨 : 黑龙江美术出版社，1995.

[15]（法）罗兰 · 巴特 . 符号学原理 [M]. 北京 : 生活 · 读书 · 新知三联书店，2000.

[16] 文丘里 . 建筑的矛盾性与复杂性 [M]. 周卜颐译 . 北京 : 中国建筑工业出版社，1992.

[17] 张长江 . 城市环境色彩管理与规划设计 [M]. 北京 : 中国建筑工业出版社，2009 .

[18] 尹思谨 . 城市色彩景观规划设计 [M]. 南京 ：东南大学出版社，2004.

[19] 宋建明 . 色彩设计在法国 [M]. 上海 ：上海人民美术出版社，1999.

[20] 季翔 . 建筑视知觉 [M]. 北京 ：中国建筑工业出版社，2010.

[21] 季翔 . 建筑表皮语言 [M]. 北京 ：中国建筑工业出版社，2012.

[22] 杨晓 . 建筑化的当代公共艺术 [M]. 北京 ：中国电力出版社，2008.

学位论文

[1] 姜娓娓 . 建筑装饰与社会文化环境 [D]. 清华大学，2004，5.

[2] 黄威 . 公共建筑入口外部空间研究 [D]. 西安建筑科技大学，2003，6.

[3] 沈玲 . 城市公共空间与装饰艺术的融合 [D]. 南京林业大学，2008，6.

[4] 赵嘉 . 曲线面造型要素的形式类型及其在建筑艺术表达中的应用 [D]. 山东建筑大学，2009，4

[5] 经鑫 . 传统民居墙体营造技艺研究 [D]. 华中科技大学硕士学位论文，2010，1.

期刊文献

[1] 伍清辉，建筑 . 作为一种公共艺术 [J]. 南京艺术学院学报（美术与设计版），2004，4.

[2] 封心宇，季翔，张金歌 . 现代城市公共艺术“建筑化”的思考 [J]. 中外建筑，2009，6.

[3] 季翔 . 光与影的交响 [J]. 室内设计与装修，2006 (12).

[4] 程翌 . 加泰隆尼亚传统文化的遥远回音——解读巴塞罗那阿格巴摩天楼 [J]. 时代建筑，2005，7.

[5] 段邦毅 . 当代公共艺术思维的多向性 [J]. 美术，2007，9.

[6] 季翔 . 英国建筑色彩美学意义 [J]. 华中建筑，2004，6.

[7] 曹武，郑卫民 . 艺术对城市公共空间的介入——浅谈我国当代城市公共艺术 [J]. 中外建筑，2006(03).

[8] 唐晔 . 现代城市公共艺术的功能与设计 [J]. 设计视界，2006 (01).

[9] 张连生 . 城市公共艺术色彩 [J] . 装饰，2003，3.

[10] 王鲁民，马路阳 . 现代城市公共空间的公共性研究 [J]. 华中建筑，2002(03).

[11] 王峰 . 新技术背景下的公共艺术互动探究 [J]. 南京艺术学院学报 (美术与设计版), 2010 (01).

[12] 吴巍，杜晓莉 . 让公共艺术介入城市空间环境 [J]. 科教文汇 (上半月)，2006(08).

[13] 杨光 . 城市里的公共艺术 [J]. 城市环境设计，2009(07).

[14] 丁继军 , 杨小军 . 现代城市与公共艺术研究 [J]. 山西建筑，2009(35).

[15] 蒂尔 · 韦勒 . 李菁译 . 建筑表皮——从单纯的物质需要到美观需求 [J]. 世界建筑，2008(04) ：10-17.

[16] 崔诚慧，韩涛 . 城市开放空间场所性本质探析 [J]. 改革与开放，2010，02.

[17] 任书斌，温亚斌 . 建筑艺术的形式和环境 [J]. 中外建筑，2009，11.

[18] 张宏梁 . 论不同艺术形式元素的组合创新 [J]. 东南大学学报 (哲学社会科学版)，2007，01.

[19] 陆艳 . 论新艺术形式的发展 [J]. 数位时尚 (新视觉艺术)，2009，01.

[20] 施建华 . 形式美与自然生命之美——对形式美及其“表现性”的再思考 [J]. 时代文学 (下半月)，2010，01.

[21] 孙文莲 . 有意味的形式——谈艺术形式的审美价值追求 [J]. 长城，2011，06.

[22] 季翔，单磊 . 徐州城市建筑色彩规划设计与管理研究 . 现代城市研究 [J]，2010，1.

[23] 谢天 . 建筑艺术的公共性 [J]. 建筑，2006，9.

后　记

近十年中，由于我将主要的精力放在现当代建筑的课题研究和研究生教育中，积少成多，也出了几本著作。对建筑的本体研究主要放在技术领域，社会在进步、人们的审美在延展，建筑的功能也不再单纯是“遮风挡雨”，而应多元化、多重化。如形态本身赋予这个城市的感受和意义就是多元化、多重化的表现。建筑作为公共艺术来理解她与周边环境的关系以及人们的视觉感受是本课题研究的主题，其主线是在文化人类学领域研究建筑。

作为设计艺术，以前对形的理解多在工业设计领域，如日常用品形态的设计。对建筑“形”的重视相对较晚，目前从设计学和人类学的角度看建筑“形”几为重要，如何将建筑理解为公共艺术与城市、与生活、与感情联系在一起的产物是该课题的立项之本，也是本书的成因。

不多说了，出版工作的“烦”，组稿工作的“累”，课题组的“苦”，在这里做出感谢，特别要感谢中国建筑设计研究院崔愷院士、东南大学建筑学院张彤教授、清华大学建筑设计研究院祁斌副总建筑师、苏州市建筑设计研究院查金荣院长、苏州工业园区建筑设计院冯正功院长、九城都市建筑设计研究院张应鹏总建筑师对本书提供的宝贵资料。在这里，唯独希望为今后之建筑色彩研究抛砖引玉，期待同行有更多更好的研究成果出现。

2012年夏于工作室